LA VALLÉE

DE

MITTERSBACH.

LA VALLÉE
DE
MITTERSBACH,
OU
LE CHATEAU
DE BLANKENSTEIN,

PAR M. DE FAVEROLLES.

TOME IV.

A PARIS,
Chez LEROUGE, Libraire, cour du Commerce
Saint-André-des-Arts.

IMPRIMERIE DE CHAIGNIEAU AINÉ.
1816.

LA VALLÉE

DE

MITTERSBACH.

Histoire du Chasseur de la cabane de l'étang.

Il paraît, Mademoiselle, que, parmi ceux qui ont existé au château de Mittersbach, celui dont on s'est fort peu occupé depuis qu'il n'est plus, c'est le malheureux Damster. — On n'en parle jamais. — Je le crois : odieux aux uns, coupable envers celle qui eût dû être pour lui l'objet d'un culte sacré, il est tout simple qu'on l'oublie dans un lieu où son nom ne serait prononcé qu'avec dédain ou colère. Cependant, Mademoiselle, gardez-vous de croire que Damster fût un homme pervers; la nature lui avait donné des vertus, et quelques qualités brillantes; le malheur, et plus encore une funeste passion, dont il ne chercha point à se rendre maître, car elle faisait et fait encore le charme de sa vie, le perdit, et fut peut-être cause de tous les maux qui vous accablent en ce moment. Ce Damster, Iseult, que l'on croit mort; ce Damster, à qui sa perfide épouse a osé donner pour fils ce Frédéric qui vous est si cher, et que je jure devant Dieu qui ne fut jamais à celui dont elle portait le nom; ce Damster, qui osa lever des yeux téméraires sur le chef-d'œuvre de la nature, sur la vertu habitant sur la terre; ce Damster, si complètement oublié, est devant vos yeux : c'est moi.

L'étonnement de mademoiselle d'Hercourt ne peut se comprendre. — Quoi! c'est vous, Monsieur! et pourquoi m'avez-vous dit que vous vous nommiez Greismann?—Parce que c'est le nom que je porte depuis que tout a dû faire croire que j'étois descendu dans la tombe. Hélas! il y a peu de différence entre la vie que j'ai menée depuis, et la mort. Séparé de la société, seul ici avec mes douloureux souvenirs, je n'ai eu aucun commerce intime avec les humains. Laissé sur le champ de bataille parmi la foule des morts, j'avais été enseveli, comme tant d'autres, par ceux qui, chargés de leur rendre les derniers devoirs, sont beaucoup plus empressés de s'emparer des dépouilles de ces malheureux, que de s'informer s'ils existent encore.

Cependant, par un hasard heureux ou malheureux, je fus placé sur le haut de la fosse qui devait m'engloutir, et on était si pressé par l'ennemi, qu'on se donna à peine le temps de couvrir nos dépouilles d'un peu de terre. Je restai, la tête complètement à découvert; et, après plusieurs heures d'un sommeil léthargique, je me sentis revenir à la vie. Mais quelle fut l'horreur de ce réveil! J'étais couché sur les cadavres sanglans de mes camarades, complètement nu, et éclairé seulement par la lune, que des nuages obscurcissaient d'instans en instans. Ce fut à ce moment terrible que je formai le projet de ne plus reparaître dans la société, et de fuir pour jamais deux femmes qui avaient fait le tourment de ma vie : l'une, par la bassesse de son âme; l'autre, par l'éclat de ses charmes et de ses vertus. Mais comment pouvais-je croire que j'échapperais à la mort? J'avais reçu une balle dans le côté, qui m'avait fait tomber de cheval; j'avais été foulé aux pieds de ceux de mes camarades; j'étais couvert de contusions et de meurtrissures : cependant je sentais bien que je n'avais aucun membre de cassé, et que, si j'avais la force de me lever et de sortir de la fosse, je pourrais encore vivre ; et, par cet instinct irrésistible de notre conservation, je fis tant que je me tirai de ce gouffre, et me trouvai sur la terre : mais dans quel état ! comment me présenter à qui que ce soit ? Cependant j'avais tout à craindre en restant sur le champ de bataille ; d'ailleurs la nuit était froide, et, étant sans aucun habillement, je me sentais glacé. La balle, qui m'était restée dans le côté, me causait de violentes douleurs. Je me décidai donc à me diriger vers un pauvre village que j'avais vu avant la bataille, et qui ne devait pas être éloigné de plus d'un quart de lieue. Comment y arriver dans l'état de faiblesse où la perte de mon sang et le défaut de nourriture me jetaient ?

Cependant le désir de trouver quelque soulagement aux maux que je ressentais me donna la force d'arriver jusqu'à la première maison; mais, ne pouvant plus me soutenir, je tombai sans connaissance sur le seuil. Qu'on juge de l'effroi de la pauvre veuve qui habitait cette chaumière, lorsqu'en ouvrant sa porte elle vit étendu sur la terre un homme qu'elle crut mort, et qui était entièrement dépouillé de ses habits. O mon Dieu! s'écria-t-elle, qui a amené là ce cadavre? Ne pouvait-on pas le laisser avec ceux qui sont restés dans la plaine? Cependant, par un mouvement d'humanité, elle voulut s'assurer si j'étais vraiment mort: elle me tâta le pouls, et crut y trouver un léger battement. Alors elle appela son neveu Tobie Reicht, dont la maison touchait à la sienne; elles étaient les premières du village : elle me montra à lui : Voyez, dit-elle, ce pauvre malheureux; il sera venu chercher ici quelque secours, et il est tombé évanoui à ma porte, car il n'est pas mort. Tobie s'en assura, et trouva en effet que j'avais encore un reste de chaleur, que mes membres n'avaient pas la raideur que donne le trépas. Ils me prirent et me portèrent sur le lit de la veuve; leurs soins charitables me rendirent bientôt la force de pouvoir exprimer ma reconnaissance à mes libérateurs. Dès qu'ils virent que j'existais, ils me firent prendre de l'eau de genièvre, et je me sentis assez bien pour pouvoir demander ce qui m'était nécessaire. Mais je n'avais pas d'argent, point d'habits, et ceux chez qui j'étais étaient très-pauvres. Cependant j'avais laissé à quatre milles de là, chez le pasteur de Rastreicht, plusieurs valises contenant mes effets et des objets de prix enlevés deux jours avant la bataille sur un général ottoman. J'étais convenu avec le pasteur, que, lorsque je serais fixé dans un endroit, j'enverrais une voiture chercher ces effets, avec un mot signé de ma main. Je fis part de tout à mon hôtesse, qui aussitôt dit à son neveu, fermier dans le village, de faire atteler trois forts chevaux sur un chariot; et, lui ayant remis un billet pour le pasteur, il se rendit à Rastreicht, où il arriva sans mauvaise rencontre, et revint de même, à la grande satisfaction de la veuve, qui eut une extrême joie en voyant arriver des coffres dont le poids lui faisait augurer la richesse. Je leur promis une part considérable dans ma fortune, s'ils gardaient le plus profond silence sur mon existence parmi eux. Ils le promirent et tinrent parole, de sorte qu'il n'est point étonnant que l'on m'ait cru mort. On avait envoyé chercher un chirurgien avant le retour du neveu; il avait ôté la balle, et répondu qu'avant quinze jours je serais guéri.

Aussitôt que je me vis en possession de mes valises, je les fis ouvrir par mon estimable hôtesse, et je fis mettre de côté tout ce qui pouvait rendre agréable la retraite où j'étais décidé à m'ensevelir, et je fis une autre part de ce qui pouvait être utile à ma bienfaitrice. Quand la bonne femme vit tout ce que je lui destinais, à elle et à son neveu, elle ne savait comment me marquer sa reconnaissance ; ils me jurèrent l'un et l'autre une fidélité à toute épreuve, et, quelque pays que j'habitasse, ils voulaient m'y suivre. Je ne m'y opposai point, mais avec la ferme résolution cependant d'être absolument seul dans mon habitation. J'estimais fort ces braves gens ; mais leur société habituelle ne m'eût pas convenu ; d'ailleurs je voulais vivre pour l'unique sentiment que mon cœur eût connu, et me livrer sans distraction aux souvenirs des différens évènemens de ma vie, pour me fortifier dans la haîne du monde, où, jusqu'à ce jour, j'avais juré de ne jamais reparaître.

Dès que je fus rétabli, je réalisai, tant pour moi que pour mes bienfaiteurs, une grande partie de mes effets, pour me faire de l'argent, ne me réservant que ce que vous voyez ici de vaisselle de vermeil, de porcelaine, de fourrure et d'étoffe du Levant. Nous prîmes ensuite le chemin de la Souabe, Tobie, sa tante, sa femme, ses deux enfans, et nous nous arrêtâmes à Frankenstein à six milles d'ici, où Tobie Reicht acheta une métairie pour sa tante et pour lui. Je restai avec mes libérateurs pendant un mois, pour me donner le temps de reprendre mes forces; je les exerçais chaque jour par des promenades dans la forêt. Tobie m'avait fait présent d'un excellent chien de chasse. Le pauvre Sultan qui est mort de vieillesse il y a deux ans, c'est Médor qui l'a remplacé. Sultan allait devant moi cherchant du gibier, quand tout-à-coup je le vois s'arrêter, en me regardant, comme pour me dire : Je ne puis aller plus loin. Je l'eus bientôt rejoint; et en effet, je vis ce précipice qui me parut, comme à Sultan, inabordable, et ce n'était pas sans regret; car je trouvais ce site parfaitement d'accord avec mon humeur mélancolique. J'essayai donc d'y descendre, sans y parvenir, et pendant plusieurs jours je revenais au même endroit avec le même dessein et aussi peu de succès, lorsqu'enfin, à force de chercher, je trouvai le sentier par lequel nous sommes descendus; il était embarrassé de ronces et de racines d'arbres, que l'éboulement des terres voisines avaient ébranlées des morceaux de rochers brisés par cette violente secousse; mais qui ne m'empêchèrent point de parvenir au bord de l'étang, où je vis qu'il serait possible de me construire une cabane. Je revins fort content à la métairie, et je fis part de ma découverte à Tobie, en le priant de m'aider à rendre praticable ce sentier. Malgré la peine que ce galant homme éprouvait en pensant que je voulais le quitter, il se prêta de bonne grâce à travailler avec moi, comme je l'en avais prié.

En quinze jours nous parvînmes à rendre le sentier tout aussi commode qu'il pouvait l'être; alors nous y transportâmes les matériaux, et surtout les outils qui pouvaient être nécessaires pour construire une habitation dont la principale partie serait en bois. Nous commençâmes ce travail dans le mois de mai, temps où les laboureurs ont cessé de semer, et ne recueillent pas encore, de sorte que Tobie put me consacrer tout le temps dont j'avais besoin. Sa femme et son fils aîné nous suivirent, et on laissa aux soins de la bonne tante les jeunes enfans et la métairie.

En arrivant à l'étang nous fîmes des cabanes de ramées, qui nous garantissaient de la fraîcheur des nuits; la femme de Tobie nous apprêtait nos repas et allait à la métairie chercher les vivres dont nous avions besoin; le petit garçon était notre manœuvre; moi, tout-à-la-fois architecte, charpentier, maçon, serrurier, je laissais à Tobie remuer la terre, soit pour faire des fossés, à l'effet d'y recevoir les fondemens de notre cabane, soit pour y planter ces haies que vous voyez, et qui défendent ma cour et mon jardin des animaux qui pourraient le dévaster. Tout fut terminé en deux mois, et je retournai à la métairie passer avec mes hôtes le temps de la moisson, pour leur rendre ce qu'ils avaient fait pour moi. Quand toute la récolte fut rentrée je fis mes malles, et nous les mîmes sur le chariot. Cette fois, ni la femme de Tobie, ni son fils ne m'accompagnèrent, ce fut la bonne mère qui voulut venir voir ma cabane; c'est la seule occasion, dit-elle, que j'aurai de savoir si vous serez bien; car je ne pourrai faire le chemin à pied et je ne puis plus me tenir à cheval. Cette bonne mère m'aimait comme son fils; il semblait que de m'avoir rendu la vie, était pour elle comme de me l'avoir donnée; elle fut enchantée de mon habitation et y serait bien volontiers demeurée avec moi, mais je voulais être seul. D'ailleurs elle était vieille et infirme, je n'aurais eu de sa société que peine et douleur; elle ne resta donc que le temps qui m'était nécessaire pour que son neveu m'aidât à placer les meubles que j'avais acheté à la ville voisine, et pour m'apprendre à soigner une vache et quelques chèvres que j'avais amenées et dont vous voyez la postérité paître autour de la maison.

Ils partirent enfin après être convenus que Tobie ou sa femme, ou son fils aîné, viendrait deux fois par mois m'apporter de la farine et de la viande salée; ils n'y ont jamais manqué depuis plus de vingt ans. La tante de Tobie est morte de vieillesse; j'ai été la voir peu de jours avant qu'elle quittât la vie; je lui devais cette marque d'attachement; elle y a paru très-sensible. Cette excellente femme n'avait fait de mal à qui que ce soit, et avait dans sa pauvreté fait le plus de bien qu'il lui avait été possible. Ses neveux la pleurèrent sincèrement, et, me souvenant par quels généreux soins elle m'avait rendu l'existence, je ne pus me défendre de mêler mes larmes aux leurs; et, étant resté quelques jours avec eux, je regagnai mon asile, d'où je sortais fort rarement, si ce n'était pour chasser ou pour aller jusqu'à la vallée de Mittersbach, où je m'approchais du château sous les voiles de la nuit. Je me disais, elle est là; et il m'est arrivé de passer des heures entières à la même place, comme quelqu'un qui attend une réponse importante ou le retour d'un objet chéri. Hélas! je n'attendais rien, je savais bien que tout espoir m'était ravi; mais je respirais le même air qu'elle ; je croyais sentir sa douce haleine ; ses formes enchanteresses se présentaient à mon imagination, et je rêvais le bonheur, souvent anéanti par la fatigue et la douleur de l'avoir perdue sans retour ; je tombais sur la froide terre où le sommeil suspendait mes peines. Une fois il s'était prolongé jusqu'au lever du soleil, et cet astre avait rempli l'univers de sa clarté avant que j'ouvrisse les yeux ; quelle fut ma surprise à mon réveil de voir qu'il était grand jour, et que je pouvais être reconnu par quelqu'un du château, car j'en étais extrêmement près, tellement que je pouvais distinguer les traits de ceux qui y entraient et en sortaient ; mais, ô bonheur ! que je ne puis exprimer, lorsque j'allais me retirer, je vois sortir du château deux femmes vêtues de blanc, n'ayant d'autre coiffure que leurs cheveux qui flottaient sur leurs épaules. Ah ! pouvais-je ne pas reconnaître l'idole de mon cœur, c'était effectivement Mme de Zizermann et sa cousine, qui profitaient de la beauté de la matinée pour prendre l'air. Tout mon être volait au-devant d'elle, et je ne sais ce que je devins lorsque je la vis prendre une route du parc qui conduisait où j'étais ; loin de chercher à me cacher à ses yeux, j'étais disposé à l'attendre, à me précipiter à ses pieds, à lui jurer un amour immortel et aussi pur que son âme. La présence de Mme votre mère ne m'aurait pas empêché de céder à la violence de mes sentimens; mais elles ne vinrent pas jusqu'à l'endroit où j'étais, et, lorsque je fus certain qu'elles ne reviendraient pas, je me retirai, emportant avec moi une félicité si grande, qu'elle a fait les délices de ma vie depuis cette époque. Je l'avais revue, je pouvais la revoir encore; cependant cette espérance ne se réalisa jamais, et ce fut la seule fois que j'aperçus ces divins attraits; mais ils sont gravés dans mon âme, et ils ne s'effaceront jamais là, en montrant son cœur; elle est toujours jeune et belle comme la première fois que je l'ai vue, et je ne sais si je ne préfère pas mes illusions à la triste vérité que me ferait apercevoir, sur ce charmant visage, les traces inévitables du temps qui, sans avoir détruit sa beauté, comme vous me l'avez assuré, Mademoiselle, en ont nécessairement changé le caractère; et le moindre changement dans celle que je veux croire immortelle comme une divinité, détruirait une partie du charme dans lequel je passe mes jours, et qui me fait trouver cette profonde solitude infiniment préférable au tumulte du monde : mais je me laisse entraîner au plaisir que j'éprouve pour la première fois depuis vingt ans de parler d'elle, et j'oublie que j'ai des devoirs importans à remplir envers vous, ma chère Iseult; j'ai la certitude de vous unir à Frédéric. — Ah ! serait-il possible? — Oui, sans aucun doute, mais il faut du temps et des moyens qui, j'espère, ne me manqueront pas. Je bénis le Ciel de m'avoir empêché de disposer d'une somme assez considérable, que je gardais en cas d'évènement, et qui va vous servir ; car je ne puis parvenir au but que je me propose, qu'en répandant de l'or. Les sequins du bacha m'ouvriront les portes du château de Mittersbach. — Serait-il possible que vous vous exposassiez à y paraître? — Oui, pour vous, chère Iseult, il n'est rien que je n'entreprenne ; mais ne craignez rien, je ne courrai aucun risque; ce n'est qu'à ma femme et à son perfide conseiller que je veux me faire voir; et alors il lui expliqua son plan que le lecteur connaîtra par la suite. Iseult, pénétrée de la plus vive reconnaissance, ne voulut point cependant accepter les offres d'argent que lui faisait Damster, sans le prier de recevoir en échange la bague dont nous avons parlé, et qu'elle tira de son sein pour la lui offrir. C'est, dit-elle, une bague qui m'est fort chère, à laquelle la comtesse attachait de douces espérances, puis des projets douloureux. Je renonce, me dit-elle, aux uns et aux autres; gardez-la pour l'amour de moi, et que surtout Ulric ne la voie jamais. En effet, dit Damster, en la voyant, je l'ai aussitôt reconnue pour celle que M. le comte perdit il y a plus de vingt ans; comment se fait-il qu'elle fut dans les mains de la comtesse? Je l'ai su au moment où je partis pour l'armée; c'était à cette époque, que l'on était inquiet de cette bague; elle appartenait de tout temps aux seigneurs de Zizermann, et la comtesse elle-même, à ce que l'on m'a dit, en fut très-alarmée, et se persuadait que son époux, qu'elle aimait d'un amour de jalousie, l'avait donnée à quelques belles, et cependant il paraît qu'elle était dans ses mains. — Je ne sais pas par quelle raison; mais ce qu'il y a de certain, c'est qu'elle me l'a donnée la veille de mon départ, qu'elle croyait être celle de mon mariage avec son fils. — Et elle vous a recommandé de ne pas la faire voir à M. Zizermann? — Avec la plus grande instance. — Il y a dans tout cela un mystère que je ne comprends pas, et qui s'éclaircira. La comtesse était incapable de s'être emparé de cette bague, pour ensuite faire croire à son époux qu'elle avait été dérobée ; et d'un autre côté, si le comte la lui avait donnée, comment la redemandait-il à tous ceux qui l'approchaient. Je crois, je le répète, qu'il y a quelque chose d'extraordinaire attaché à cette bague, que je vous engage, Mademoiselle, à garder avec soin. — Elle m'est fort chère, et je ne comptais m'en servir que pour donner confiance à la supérieure de Sainte-Thérèse, et elle lui expliqua ce qu'elle en voulait faire. Il l'assura qu'elle n'en aurait pas besoin ; non, ajouta-t-il, que je n'approuve votre résolution de vous retirer dans cette sainte maison, je vous offre de vous y conduire dès demain, et vous prie de me permettre d'y payer un quartier d'avance de votre pension. Je vous ferai passer aussi des robes et du linge; il ne faudra pour cela que d'aller à la métairie, et la femme de Tobie achètera à la ville voisine tout ce qui vous sera nécessaire. Iseult ne savait comment témoigner à Damster sa reconnaissance, surtout lorsqu'il lui eut expliqué ce qu'il voulait entreprendre pour elle, et dont le succès ne lui parut pas douteux.

Ils passèrent le reste de la journée à s'entretenir de tout ce qui intéressait si vivement Iseult, mais surtout de Frédéric.

Dès le lendemain matin Damster sella son cheval et offrit à Iseult de le monter, et qu'il la suivrait à pied. Iseult ne voulut pas y consentir, et se mit en croupe. Ils étaient à peine à une demi-lieue de l'étang, qu'ils entendirent de loin le bruit d'un grand nombre de chevaux qui paraissaient aller très-vîte. Voici, dit Damster à sa compagne, une troupe qui vient de notre côté, elle nous aura bientôt rejoint; j'ignore qui ce peut être; ami ou ennemi, le plus sûr me paraît de nous éloigner de la grande route, pour laisser passer ces cavaliers. Iseult, qui n'était pas très-rassurée, ne demanda pas mieux. Ils prirent à travers bois, sans cependant trop s'éloigner du chemin, de manière à pouvoir distinguer ceux qui allaient y passer. En effet, cette troupe, qui était assez nombreuse, les rejoignit bientôt, et Iseult reconnut, non sans penser en mourir de frayeur, que c'était le faux Rémond à la tête des gens de son père. Elle entendit distinctement, au moment où il passait près d'elle, qu'ils disaient, avec des juremens effroyables : Si jamais je la retrouve, elle paiera cher les tourmens qu'elle me cause par sa fuite. Elle ne douta pas qu'on la cherchât, et qu'elle serait la plus infortunée des femmes si elle tombait en la puissance de ce méchant homme. Mais elle voyait aussi qu'il avait dépassé l'asile qu'elle allait implorer. Il n'y avait pas à présumer qu'ils revinssent sur leurs pas avant la nuit; aussi elle supplia Damster de ne pas perdre un instant pour qu'ils se rendissent au couvent. Il le lui promit. Il avait aperçu le prétendu comte. Il avait été frappé de sa ressemblance avec Mutter, et on se rappelle fort bien que Mutter était le père de Pétronille, et il fut alors persuadé qu'il n'était point le véritable fils du comte et de la comtesse. Pour Iseult elle le voyait toujours revenant sur ses pas et la reconduisant au château de Mittersbach; aussi priait-elle Damster de presser son cheval, et ils arrivèrent au couvent que le soleil était encore très-haut.

Damster demanda à parler à la prieure; une tourière le conduisit, et mademoiselle d'Hercourt, au parloir. Le mari de Pétronille prit la parole dès qu'il aperçut la supérieure, et lui dit : Je vous amène, Madame, une jeune personne d'une haute naissance, que de très-grands malheurs ont contrainte de fuir la maison paternelle. Je réponds de ses mœurs, qui sont irréprochables, et voici le quartier d'avance de sa pension. Il posa dix sequins (1) sur le bord de la grille. La religieuse, avant que de répondre, les attira doucement de son côté, et dit : Vous pouvez en toute assurance, ma belle demoiselle, entrer dans notre sainte maison, nous y aurons grand soin de vous ; mais ne saurait-on ap-

(1) Pièce d'or qui vaut environ 24 francs de notre monnaie.

prendre votre nom ? Agathe, reprit-elle, car elle était convenue d'en changer. La prieure vit bien qu'elle n'en saurait pas davantage. Elle cessa donc toute question, et ayant fait ouvrir les portes, elle fit entrer Iseult, dont la beauté et l'air de noblesse frappa tout ce qui la vit. Elle fit ses adieux au vieillard qui l'assura qu'elle aurait de ses nouvelles avant peu. Mais, tandis que mademoiselle d'Hercourt prend quelque repos chez les filles de Ste Thérèse, sachons un peu ce qui s'était passé au château lors de sa fuite.

On se souvient que tout était prêt et que depuis long-temps il n'avait été question de noces aussi brillantes que celles dont on avait fait les apprêts pour Rémond et Iseult. Déjà

Pétronille s'était séparé de son perfide ami, et elle se hâtait de rentrer au château pour penser à sa toilette, qui était toujours, malgré ses quarante ans, l'occupation la plus importante de sa vie. Le vieux Mendorf allait aussi se préparer au plaisir extrême qu'il se promettait dans cette journée, celui de pénétrer jusques dans la pensée de tout ce qui serait à la fête, pour faire le plus de mal qu'il lui serait possible, car nuire était son instinct.

Madame de Zizermann s'était éveillée plutôt qu'à son ordinaire; elle ne voyait dans cette union que plaisir pour elle, puisqu'elle fixait irrévocablement son amie à Mittersbach. Elle s'empressa donc de passer chez la baronne qu'elle trouva dans son lit. — Quoi ! lui dit-elle en riant, est-on si paresseuse le jour où l'on marie sa fille? — Cela ne devrait pas être, reprit madame d'Hercourt, j'en conviens, mais j'ai passé une nuit si cruelle! Des songes affreux, et qui n'avaient aucune suite, m'ont accablée : je voyais votre fils, arraché de vos bras, réduit dans le plus affreux esclavage; et le même homme qui le privait de la liberté venait insolemment me demander ma fille en mariage; ma fille jurait qu'elle ne serait jamais à lui, et, comme il voulait la contraindre à le suivre à l'autel, elle disparaissait tout-à-coup à nos yeux. Je la cherchais, je l'appelais inutilement, je ne pouvais la voir.

Puis, à l'instant, un phantôme se présentait à moi, et, ce que je ne puis me rappeler sans terreur, il avait tous les traits, la démarche, le son de voix de Damster. Il me montrait la bague de votre époux et me reprochait de ne vous avoir pas forcée d'en faire usage pour faire connaître votre innocence. Ces images confuses m'ont jetée dans un trouble, une agitation, qui ne m'ont laissé goûter aucun repos, et je voudrais, pour tout au monde, que ce ne fût pas aujourd'hui le jour du mariage, pour pouvoir me rendormir. — Tu le peux encore, reprit Isidore; il est de fort bonne heure, reste dans ton lit. Je vais passer chez ta fille, je présiderai à sa toilette, et quand il sera l'heure de s'occuper de la tienne, on te réveillera. La baronne accepta volontiers ce que sa cousine lui proposait; celle-ci lui donna un baiser, referma les rideaux du lit et se retira sans bruit de la chambre de son amie pour passer dans celle d'Iseult où ses femmes étaient déjà entrées et s'étonnaient de ne l'y avoir pas trouvée. Elle est sûrement dans le jardin, dit la comtesse, il faudrait l'y aller chercher, car il est temps qu'elle s'habille; il y a déjà du monde d'arrivé, et Isidore pensait en elle-même que son fils ne serait pas bien flatté, s'il savait le peu d'empressement que ce jour inspire à la mère et à la fille; l'une veut dormir, l'autre descend dans le jardin plutôt que de s'occuper de sa parure.

Cependant les femmes de madame d'Hercourt cherchent la mariée dans le jardin, et ne la trouvent point. L'une d'elles remonte toute effrayée le dire à la comtesse, qui descend à son tour et trouve sur le perron son fils, qui lui demanda quand il serait permis de voir celle qui allait être à lui pour toujours. — Pas encore, mon fils : et Rémond comprenant que ce mot signifiait un doute sur son mariage, pria Mme de Zizermann de s'expliquer. — Quel obstacle, dit-il, peut s'opposer à un bonheur aussi certain que le mien? — Je ne vous parle point de cela, reprit Isidore; je vous dis seulement qu'Iseult n'est pas encore parée et que vous ne la verrez aujourd'hui que pour la conduire à l'autel; mais ne m'arrêtez pas plus long-temps ; j'ai des ordres à donner, et elle le quitta précipitamment ; car elle était dans la plus vive inquiétude. Elle augmenta infiniment lorsqu'elle aperçut que la petite porte du parc était ouverte ; elle pressentit le malheur dont son amie était menacée.

Cependant Rémond, à qui on vient de dire que sa belle était disparue se met dans une colère affreuse et jure de la retrouver, quelque chose qui arrive ; il descend furieux dans le parc, y trouve sa mère qu'il veut en quelque sorte rendre responsable de cet évènement. — C'est votre complaisance pour cette petite personne qui lui a inspiré une pareille audace. Comment d'ailleurs cette porte-là n'était-elle pas fermée en dedans? est-ce qu'on a jamais laissé une jeune fille maîtresse d'aller où elle veut : elle est allée courir après son Frédéric. — Mais, mon fils, pensez donc que c'est de celle à qui vous voulez donner votre nom que vous parlez. — Que m'importe, je me soucie bien de ce que l'on peut dire; je veux être son époux, et je le serai. — Ménagez donc sa réputation. — Les femmes n'en ont qu'une usurpée; la ruse, le plus ou moins d'adresse leur en conserve le fantôme; car elles sont toutes indignes de notre estime. — Vous oubliez à qui vous parlez, et je veux bien pardonner à votre douleur.. M. de Zizermann vint les joindre, et Isidore dissimula son mécontentement, pour savoir de son époux si on avait quelques nouvelles de la belle fugitive. — Aucune, dit le comte. D'Hercourt vient d'être informé de son malheur, il est au désespoir; un semblable éclat lui cause une douleur mortelle. Il accuse sa femme de négligence; il pourrait bien plutôt s'accuser lui-même d'une rigueur qui a porté Iseult au désespoir. S'il n'eût pas contrarié cette pauvre petite, elle n'aurait pas pris ce douloureux parti, dont il faut bien enfin que la baronne soit instruite, et il n'y a que vous, Isidore, qui puissiez lui apprendre son malheur.

Mme de Zizermann eût bien voulu ne pas se charger de cette pénible commission; mais cependant, persuadée que sa vive amitié peut seule en adoucir l'amertume, elle se rendit chez son amie qui était encore dans les bras du sommeil; elle s'assit près de son lit; elle ne put se résoudre à lui enlever le peu de momens de repos qui lui restent. Enfin Madame d'Hercourt se réveille, et, voyant son amie, elle croit qu'elle vient l'avertir qu'on n'attend plus qu'elle. Mais lisant sur la physionomie de celle qui lui est chère une profonde tristesse, elle se hâte de l'interroger pour en savoir la cause. Hélas! elle ne l'apprend que trop tôt, et quelque ménagement qu'Isidore y mît, l'impression fut si grande qu'elle tomba dans le plus profond évanouissement. Isidore, ne pouvant l'en tirer, sonna. Les femmes d'Alexandrine accoururent; on eut toutes les peines du monde à la rappeler au sentiment de son infortune, et ce ne fut que pour répandre un torrent de larmes. M. d'Hercourt, partagé entre la colère que lui causait la conduite de sa fille, et la douleur où le jetait l'état de la baronne, ne savait quel parti prendre. Cependant il céda aux vives instances de sa femme, et il resta à Mittersbach, laissant à l'amoureux Rémond le soin de chercher son Angélique; et celui-ci, comme nous l'avons vu, n'avait encore eu aucun succès dans ses recherches.

Tout ce qui devait être aux noces arrivait cependant de toutes parts, et Mendorf avait été chargé, ainsi que Pétronille, d'exprimer, à ceux qui se présenteraient, les regrets du comte et de la comtesse de ne pouvoir les recevoir; mais qu'il leur était impossible de se livrer à la société, dans la situation pénible où la fuite d'Iseult les mettait, ainsi que M. et Mme d'Hercourt. On pense bien que le méchant vieillard et son infâme complice ajoutèrent tout ce qui pouvait perdre à jamais mademoiselle d'Hercourt; disant même à quelques personnes sous le sceau du secret, qu'ils savaient bien qu'ils ne garderaient pas, qu'on avait vu Frédéric rôder autour du château, et qu'il n'y avait aucun doute qu'Iseult était partie avec lui. Tout le monde plaignait les parens de cette imprudente jeune personne, et la réputation d'Iseult était perdue.

Damster, de retour à son habitation, se reposa quelques heures et prit le chemin de la métairie. Tobie fut extrêmement surpris de le voir, et lui demanda quelle pouvait être la cause de son voyage. Il le lui expliqua, et le pria de lui donner son fils pour le suivre, car les jeunes enfans de Reicht étaient devenus des hommes raisonnables, surtout l'aîné, qui se nommait Norbert, était un garçon plein de sens et de courage; il entrait dans sa vingt-cinquième année, et il était singulièrement attaché à M. Damster; il l'assura qu'il le suivrait partout. Le mari de Pétronille resta quelque temps à la ferme pour donner à Norbert, ou plutôt à sa mère, l'instant de préparer ce qu'il fallait à son fils pour un long voyage ; car M. Damster n'avait point dissimulé à M. et madame Reicht, qu'il emmenait leur fils pour une expédition dangereuse qui durerait peut-être plus de trois mois. Ils n'avaient rien à refuser à leur bienfaiteur, et le départ du cher Norbert fut résolu, non sans que sa mère ne répandît en secret des larmes. Damster avait apporté à la ferme son trésor, et, n'en ayant pris qu'une partie, il laissa le reste à Tobie, en lui disant qu'il tirerait sur lui ce dont il aurait besoin. Le digne Reicht lui promit la plus grande exactitude à payer ses traites. Damster lui dit qu'il faudrait de plus aller tous les mois à la maison des filles Sainte-Thérèse, dans la vallée de Mittersbach porter de l'argent à une pensionnaire nommée Agathe; et, pour s'assurer s'il la trouverait facilement, il fit faire à la femme de Tobie toutes les emplettes dont il était convenu avec Iseult; elle les lui porta, et il attendit son retour avant de se mettre en route. Mademoiselle d'Hercourt lui écrivit par madame Reicht, pour lui marquer de nouveau sa reconnaissance.

Damster au moment de monter à cheval, dit à Tobie, si je meurs en chemin, cette somme, et tout ce qui est dans la cabane de l'étang, vous appartient. Que Dieu nous en préserve, dit le bon Tobie. Il embrassa son fils, lui donna sa bénédiction ainsi que sa mère. Le fils de Tobie monta le meilleur des chevaux de son père, et partit avec Damster, sans savoir et même sans demander à celui-ci où il comptait le mener; mais M. Damster ne le lui laissa pas ignorer, et il parla ainsi. Je comptais finir mes jours dans la profonde retraite où le ciel m'avait conduit, et que personne ne saurait jamais que j'existais encore; mais la Providence en ordonne autrement. Je me trouve chargé des intérêts de deux êtres dignes de toute mon affection, par leurs vertus et les relations intimes que j'ai eues autrefois avec leurs parens, et alors il raconta à Norbert les infortunes de Frédéric et de sa douce amie, dont il fut touché jusqu'aux larmes. Norbert aimait aussi une jeune beauté qu'il ne pouvait obtenir de ses parens, bien plus riches que les siens. Cette conformité de son sort avec celui de Frédéric lui inspira un grand intérêt pour lui. Damster, afin de l'augmenter, lui promit que, s'il l'aidait à retrouver le baron de Buosen, et, si celui-ci épousait Iseult, il trouverait bien le moyen de lui faire épouser son amie en le rendant aussi riche que les père et mère de cette belle fille; et le zèle de Norbert en fut encore accru.

M. Damster dirigea sa marche vers Belgrade, où il ne douta pas que le baron de Buosen ne fût prisonnier dans quelque fort de ce canton. Ils avaient acheté à Bude des habits d'Arméniens; ils se déguisèrent l'un et l'autre en marchands de cette nation, portant avec eux des objets de curiosité qu'ils avaient aussi acquis dans cette ville, d'où M. Damster tira une assez grosse traite sur Tobie. Ainsi travestis, ils arrivèrent aux premiers postes des Turcs qui les laissèrent passer, et commencèrent à aller de château en château; ils errèrent ainsi sans rien trouver qui parût avoir le moindre rapport avec celui qu'ils cherchaient; enfin, las de tant de démarches infructueuses, ils allaient reprendre le chemin de la Hongrie, lorsqu'un soir ils aperçurent un jeune homme de la figure la plus remarquable, et qui ne paraissait pas inconnu à Damster, causant affectueusement avec une femme d'un certain âge. En s'approchant, ils entendirent qu'ils parlaient allemand ; cela en fut assez pour faire arrêter le mari de Pétronille. Il mit pied à terre, ainsi que son compagnon, et, s'adressant au jeune homme dans sa langue, il le vit tressaillir aussitôt, et se peindre sur sa charmante physionomie l'expression de la joie la plus vive. Quoi! dit-il, sous ce costume, vous parlez cette langue comme on parle celle des auteurs de ses jours! d'où venez-vous? auriez-vous été en Souabe? pourriez-vous me dire si vous avez eu quelques relations avec ce pays? — Je vous le dirai, beau jeune homme; mais, avant tout, dites-moi quelle est cette femme ; est-ce votre mère? — Non, mais elle m'en a tenu lieu. Esclaves tous deux du bacha Mehemed, il nous laisse assez de liberté, et notre sort ne serait pas très-malheureux, si je ne regrettais pas tout ce que j'ai laissé dans ma patrie, où je n'espère plus retourner. Peut-être, mon fils, reprit le vieillard, n'en avez-vous jamais été plus proche; mais entrons chez votre maître à qui je vendrai à bon compte de mes riches bagatelles, et je tâcherai d'obtenir de lui de passer la nuit dans ce fort; vous me raconterez vos malheurs, et un pressentiment secret me fait croire que je les adoucirai. L'esclave introduisit Damster dans l'intérieur du fort, et il le conduisit dans l'appartement du bacha, en la présence duquel il fut admis. Damster parlait fort bien le grec, et le bacha crut qu'il se servait de cette langue pour se faire entendre plutôt que de l'arménien, qu'il supposait que Mehemed n'entendait pas, de sorte qu'il n'eut pas le moindre soupçon. Il trouva les marchandises fort jolies; et, comme il était aussi avare que curieux de ces objets, il lui tint grand compte de les lui donner un tiers meilleur marché que ses confrères. Damster parla du chemin qui lui restait à faire, et qu'il craignait bien de ne pouvoir arriver à Belgrade avant la fermeture des portes. Le bacha comprit qu'il serait fort aise de passer la nuit dans le fort, et il fut le premier à le lui offrir. Damster parut incertain s'il accepterait ou non, et il se fit prier pour faire ce qu'il désirait très-vivement. Mehemed dit à son esclave d'avoir soin des Arméniens; alors il les conduisit dans la chambre de la femme avec qui il l'avait vu et qui faisait fonction de femme de charge chez le gouverneur.

A peine furent-ils entrés, qu'on leur servit à souper. Lorsqu'ils eurent mangé, Damster dit à Norbert de voir si les chevaux n'avaient besoin de rien, et de se coucher pour être prêt le lendemain, au lever du soleil, à monter à cheval.

Quand le fils de Tobie fut sorti, il dit au jeune esclave, vous m'avez demandé si j'avais quelque relation avec la Souabe; souffrez que je vous demande à mon tour si vous connaissez la vallée de Mittersbach? A peine Damster avait-il prononcé ce nom, que l'esclave se précipita dans ses bras, en disant : O Ciel! mon cher compatriote, c'est Dieu qui vous envoie vers moi ; il n'a pas abandonné le malheureux Frédéric, et je puis donc entendre encore le nom chéri d'Isidore et d'Iseult. Oui, reprit Damster avec une joie extrême, oui, cher baron, vous entendrez ces noms chéris ; j'espère, bien plus, que vous reverrez l'une et l'autre ; mais dites-moi donc, ma bonne, en s'adressant à la vieille paysanne, qui êtes vous ? — Hélas ! reprit en soupirant cette femme, si vous connaissez, comme il le paraît, le château de Mittersbach, vous avez dû entendre parler de la malheureuse Marceline, nourrice du jeune comte, qui fut enlevée lorsque cet enfant n'avait pas plus d'un mois ou deux ? — Certainement, reprit Damster, j'en ai entendu parler. — Eh bien ! c'est moi. — Vous ! ô Providence ! qui daignez protéger ceux qui n'espèrent qu'en vous, quelles actions de grâce ne vous dois-je pas, de m'avoir fait rencontrer ici ceux que je cherche avec tant de soins et de fatigues, depuis trois mois ! — Quoi ! serait-il possible, et qui êtes-vous donc, reprit le baron, pour prendre tant d'intérêt à mon sort ? j'ai beau chercher à me rappeler vos traits, ils me sont parfaitement inconnus. — Je le crois, car jamais je ne me suis offert à votre vue ; cependant personne ne prend à vos malheurs, et à ceux de cette bonne femme, plus de part que moi ; mais quand je me nommerai, votre étonnement sera encore plus grand : je m'appelle.... Le baron écoutait avec une attention extrême ; ce nom que l'on allait prononcer lui semblait devoir fixer à jamais sa destinée ; mais, quand il entendit celui de Damster, il crut avoir affaire à un imposteur. La plus sombre tristesse remplaça dans son âme le rayon de joie que l'espérance y avait fait naître ; il reprit, avec une sorte de dédain pour celui qu'il croyait vouloir le tromper : Vous, Damster ! ah ! Monsieur, vous ne pouvez être Damster, époux de Pétronille, car il a été tué avant ma naissance. — Eh bien ! il n'en est pas moins certain que c'est moi ; et si vous voulez me prêter quelqu'attention, je vous raconterai par quelles étonnantes circonstances le Ciel m'a conservé la vie, pour vous faire rendre, et à cette femme, la justice qui vous est due.

Quoique le baron de Buosen eût horreur de tout ce qui offensait la vérité, et qu'il ne pût croire que l'homme qui se disait Damster le fût réellement, il fit signe néanmoins à sa pauvre compagne de ne point interrompre le récit que celui-ci, qu'il croyait un intrigant, allait leur faire, afin de ne laisser échapper aucune circontance dont il pût se servir pour le convaincre de fausseté.

Damster s'aperçut parfaitement que le baron avait perdu toute confiance en lui ; mais il n'en eut que plus de désir de le convaindre de la vérité. La lettre d'Iseult, qu'il avait reçue avant de partir pour Belgrade, suffisait pour prouver qui il était ; mais il ne voulut point d'abord la lui montrer, et commença le récit de ses infortunes comme il avait fait à Iseult ; les reprenant cependant de beaucoup plus haut, parce qu'il pouvait entrer avec M. de Buosen et la nourrice dans des détails qui eussent alarmé la timide pudeur de mademoiselle d'Hercourt, et qu'il était essentiel qu'il apprît au baron, afin qu'il ne doutât point qu'il n'était pas son fils, comme l'audacieuse Pétronille était parvenue à le faire croire.

A mesure qu'il parlait, la conviction rentrait dans le cœur du baron ; la bonne nourrice, qui n'avait ignoré aucune des circonstances de la vie de Pétronille (car les valets n'en laissent point échapper, surtout de celles qui peuvent diminuer leurs respects pour leurs maîtres, et on lui avait tout conté), trouvait un rapport parfait entre ce que disait le vieillard et ce qu'elle savait, et elle répétait tout bas : C'est lui, oui, c'est bien lui ; mais quand Damster parla des persécutions qu'avait souffertes la pauvre Iseult, pour la contraindre à épouser Rémond, et par quelle abominable ruse Pétronille, et il ne savait pas pourquoi, était parvenue à faire décider Iseult à donner sa main à celui qui tenait à Mittersbach la place du véritable héritier de la maison de Zizermann; quand il raconta comment le Ciel, qui n'abandonne jamais l'innocence, avait permis que mademoiselle d'Hercourt entendît la conversation de Mendorf avec madame Damster; quand Buosen apprit de la bouche de celui, dont une heure avant il soupçonnait la véracité, la courageuse résolution de son amante, pour se conserver à lui; qu'il lui raconta de quelle manière il l'avait rencontrée dans la forêt; qu'il l'avait conduite à la maison des filles de Sainte-Thérèse, et qu'enfin il lui montra la lettre qu'elle lui avait écrite, il ne put résister à tant de preuves de la vérité de ce que lui avait dit Damster; et, confus en lui-même d'avoir pu soupçonner celui à qui il avait de si grandes obligations, pour le réparer, il voulait se jeter à ses pieds. Damster ne lui en laissa pas le temps, il le serra contre son cœur. — Vous voyez, cher Frédéric, combien j'étais loin de vouloir vous tromper. A présent que je vous ai convaincu que je suis l'époux de Pétronille, apprenez-moi, l'un et l'autre, par quelle bizarre circonstance je vous trouve réunis? La nourrice qui était fatiguée d'un si long silence, prit la parole et commença ainsi.

Histoire de Marceline, nourrice du comte Rémond.

Je n'ai pas besoin de vous rappeler, Monsieur, les circonstances qui m'attachent à Mme la comtesse de Zizermann, vous les savez; mais ce que vous ne savez pas, c'est la tendre affection que j'avais pour elle et pour son fils, que je tenais à grand honneur de nourrir de mon lait. Je l'aimais avec un cœur vraiment maternel, et je le regardais comme devant faire le soutien de toute ma famille. Je ne m'attendais pas alors que ce serait moi qui lui donnerait en quelque sorte une nouvelle vie; mais suivons mon récit. Je voyais ce cher enfant croître de jour en jour. Il annonçait la force et la santé, et déjà il payait mes soins d'un sourire que la pauvre comtesse me disputait. Le jour de la mort de feu monseigneur de Zizermann (Dieu lui donne joie et repos), j'avais été, comme les autres, voir encore ce pauvre seigneur. Madame la comtesse y était. Elle me parla de son fils, et me renvoya près de lui. Comme j'entrais dans la chambre, j'y trouvai un de mes cousins, qui devait épouser la fille du fermier du château. Il me dit qu'il venait pour me prier de venir avec lui à la ferme, qu'il y a eu des propos entre son père et M. Craffter, et qu'il me priait de les raccommoder. Je vais au berceau du petit, que je vis bien endormi. Je ne fis point de difficulté de le quitter pour une heure, et je suivis le traître Paul. Je traverse la grande cour, et, comme j'allais prendre du côté de la ferme, il me dit : M. Craffter est dans la grande pièce au-dessus de l'avenue, et je voudrais que vous lui parlassiez avant qu'il rentrât, car c'est sa femme qui lui met martel en tête, et qui est cause de la brouillerie qu'il y a entre mon père et M. Craffter. Si vous lui parlez devant sa femme, il n'osera pas dire que mon père a raison, et ce sera à recommencer, car mon père ne veut pas entendre parler mariage si le fermier ne lui fait des excuses, et je suis bien sûre que vous lui en ferez faire. Je consentis à faire tout ce qu'il me disait, et seulement il me semblait qu'il me menait bien plus loin que la grande avenue; je le lui dis. Il se frotte le front en jurant, et dit : Il faut que l'on m'ait jeté un sort, je me suis encore trompé de chemin; tenez, c'est au bout de ce sentier que vous voyez. Je pris le sentier : mais il sort de dedans les blés, qui étaient alors très-élevés, quatre hommes masqués qui se jetèrent sur moi, et, malgré ma résistance, me placèrent dans une voiture où mon traître de cousin était déjà. Je l'accablai d'injures, il n'y répondit qu'en me faisant voir une bourse pleine d'or dont, disait-il, il me donnerait la moitié, si je voulais lui promettre de passer tranquillement mes jours avec lui dans une jolie ferme en Hongrie, que Mme Damster lui avait donnée. Que là il ne nous manquerait de rien, mais que, si je continuais à l'accabler d'injures, je m'en repentirais. Je l'assurai que je ne voulais point vivre avec un monstre comme lui : que j'avais un mari, des enfans que je chérissais, et que c'était avec eux que je voulais passer ma vie. Il me dit que, d'une manière ou d'une autre, je ne les reverrais jamais. Nous continuâmes ainsi cette route, sans qu'il pût obtenir que je consentisse à ses infâmes projets. Je lui demandais pourquoi on m'avait enlevé à mon nourrisson. Il ne me répondait rien. Je le suppliais, au nom de notre parenté, au nom de sa mère, qui était la sœur de la mienne, de me laisser retourner en Souabe. Il m'assurait que cela ne serait jamais. Nous arrivâmes ainsi jusqu'aux frontières de la Hongrie, où enfin il me réitéra, pour la dernière fois, la proposition de passer pour sa femme et de vivre avec lui dans cette ferme dont il m'avait parlé. Je l'assurai que jamais je n'aurais aucun rapport avec un pareil scélérat. Il me dit alors que je m'en repentirais; et, étant descendu de voiture, il m'enferma dans une chambre de l'auberge où nous nous étions arrêtés, et qui était tenue par des Turcs. Je fis les derniers efforts pour sortir de cette chambre, mais ce fut inutilement. Quelques heures après, je vis entrer mon infâme cousin, suivi de quatre Turcs, dont un me paraissait le maître. Ils se parlèrent encore quelque temps, puis le Turc tira de sa poche de l'or, le donna à mon cousin, qui disparut aussitôt. Me voilà restée seule avec ces quatre hommes. Un me met un mouchoir devant la bouche, qu'il noue si serré que je ne pouvais articuler une parole. Deux autres me prirent sur leurs bras, et, malgré mes efforts pour leur échapper, me conduisirent, à ce que j'ai su depuis, dans un lieu qui s'appelle Bazard (1). Je n'y fûs pas long-temps. Mehemed, qui cherchait une esclave qui pût lui servir de femme de charge, me trouva à son gré. Il disputa pour le prix et finit par me payer ce que le marchand voulait. Alors il me fit partir avec un savant et cinq à six autres esclaves, pour ce fort, d'où il m'a été impossible de m'échapper. Je passais tout le jour à travailler et les nuits à pleurer mon mari, mes enfans et mon nourrisson. Depuis vingt ans que durait mon esclavage,

(1) Marché d'esclaves.

rien ne me consolait de mon malheureux sort, quand le ciel fit venir ici ce beau jeune homme, qui pourra vous dire beaucoup mieux que moi les circonstances miraculeuses de notre réunion. La nourrice se tut, et le baron de Buosen reprit ainsi.

Histoire du vrai baron de Buosen.

Iseult sûrement vous aura dit, Monsieur, que, surpris à ses pieds par sa mère la comtesse, on eut hâte de me faire partir, et qu'au lever de l'aurore qui succéda à cette précieuse et cruelle nuit, je me mis en route. Je rejoignis à l'armée le fils du premier chambellan de l'Empereur, le comte de Blankenstein, à qui j'avais juré une amitié éternelle. Vous savez peut-être que des aventures qui tiennent du merveilleux le réunirent à l'objet de ses adorations, et je ne doute point qu'il ne soit à présent l'heureux époux d'Amélie de Worms. — Ils sont unis, m'a dit mademoiselle d'Hercourt, et si tout succède à mes vœux, c'est chez eux que je vous conduirai, pendant que je préparerai ce qui sera nécessaire pour vous unir à celle que vous aimez. Mais reprenez, mon cher Baron, la suite des évènemens qui m'intéressent vivement. — Dans l'intervalle de la prise du château de Worms et le mariage de sa fille avec Ernest, il y eut une bataille mémorable qui fut glorieuse pour la maison d'Autriche, mais funeste pour moi. Je me trouvai tellement enveloppé par les ennemis, qu'il me fut impossible de m'échapper de leurs mains. J'étais couvert de blessures, et je n'attendais que la mort, quand je fus ramassé par quatre musulmans qui me portèrent au quartier de Mehemed, où je crus mourir. Mais le bacha ayant passé près du lieu où j'étais, ma physionomie, quoique couverte des ombres de la mort, lui plut, et il me fit transporter dans sa tente, et soigner par son chirurgien, déclarant qu'il ne voulait point que je fusse compris parmi les prisonniers à échanger, son intention étant de m'attacher à sa personne comme esclave. Je n'ai su cela que longtemps après; car alors j'eusse réclamé contre un pareil décret, qui m'enlevait l'espérance de revoir mon pays. Mais je ne le sus que lorsque je me vis transporté dans ce fort, où je ne repris mes forces que pour apprendre de la bouche de Mehemed que j'étais son esclave. A cette époque, la perte de la liberté m'était encore plus douloureuse, car j'avais plus de désir que jamais de revoir tout ce qui m'était cher, et me convaincre par moi-même de la vérité des faits que je venais d'apprendre : car c'est ici qu'il faut reconnaître d'une manière bien particulière la main de celui qui gouverne tout avec une sagesse infinie, et qui rassemble du midi à l'aurore, du levant au couchant, les êtres qui servent à ses desseins; il en fut ainsi dans cette circonstance.

Le second jour que j'étais dans

le fort, je vis entrer dans la chambre que j'occupais encore, une femme blanche d'environ cinquante ans, encore fraiche, dont la figure contrastait avec la couleur olivâtre de tout ce que j'avais vu depuis mon arrivée dans le fort. Elle me plut infiniment, et je lui demandai en allemand, comme si elle devait m'entendre, comment elle se nommait, et quelles étaient ses fonctions. Elle me répondit dans la même langue qu'elle se nommait Marceline, et qu'elle était chargée chez le gouverneur du linge des cafetans et des cachemires. Ma joie fut grande en trouvant une compatriote, et je la suppliai de venir chez moi le plus souvent qu'il lui serait possible. Elle me le promit. Elle sut bientôt que j'étais né au château de Mittersbach, et que je me nommais Frédéric Damster. Elle me raconta ses malheurs, auxquels je ne trouvais aucune cause. Un jour elle vint dans ma chambre au moment où on me pansait une large blessure que j'avais reçue dans le côté; et quelle fut ma surprise de lui entendre dire en allemand, vous êtes Rémond de Zizermann! il n'y a aucun doute : vous êtes cet enfant que j'ai nourri six semaines de mon lait, et dont la séparation m'a été si cruelle. Vous avez sur le côté gauche cette belle feuille de rose que j'ai tant de fois admirée dans mon cher nourrisson. Elle eût pu parler bien longtemps encore, je n'aurais pas eu la force de l'interrompre. Une foule de pensée se succédaient dans mon esprit; je me rappelais ma vive tendresse pour la comtesse, mon respect pour son époux, et cette indifférence, pour ne rien dire de plus, qu'il m'avait été si pénible de ressentir pour madame Damster, et je me persuadais assez facilement ce que madame Marceline disait. Mais ces sensations, jointes à la fatigue d'un pansement douloureux, me firent évanouir. Elle s'employa toute entière pour me faire revenir; le chirurgien m'abandonna à ses soins; et, lorsque je revins à la vie, je me trouvai dans les bras de Marceline qui me couvrait de larmes et des plus tendres caresses. Elle me parla de la violence qu'elle avait éprouvée, et ne douta pas un instant qu'elle n'avait été arrachée de mon berceau, que parce qu'on voulait mettre à ma place Frédéric Damster.

Alors elle me fit mille questions sur celui que j'avais cru jusques-là le véritable héritier de la maison de Zizermann, et tout ce que je lui rapportai confirma ses idées; et, en les comparant avec tout ce qu'elle m'avait dit, je ne cache point que depuis ce moment j'ai eu bien de la peine à ne me pas croire fils du comte de Zizermann. — Oui, vous l'êtes certainement, reprit Damster, avec une extrême vivacité, et ils passèrent la nuit à se faire de continuelles questions sur tout ce qui les intéressait. Ils convinrent que, puisque Damster était en état de payer très-magnifiquement leur rançon, ce serait la première chose qu'il fallait faire. Alors le faux Arménien demanda d'être admis encore en présence du bacha. Celui-ci pensant qu'il voulait lui faire quelques présens pour le remercier d'avoir permis qu'il passât la nuit chez lui ; ordonna qu'on le laissât entrer.

Dès que Damster fut introduit en sa présence, il se jeta à ses pieds, et lui dit : seigneur, je vous conjure de me vendre les deux esclaves allemands que vous avez à votre service, Buosen et Marceline ; car l'une est ma femme, l'autre est mon fils ; et, pour preuve de ce que j'avance, Buosen a une feuille de rose parfaitement dessinée sous le sein gauche ; vous pouvez vous en assurer. J'épousai sa mère dans un voyage que j'ai fait en Souabe; et, ayant voulu me joindre, elle a été enlevée par des coureurs arabes. Vous savez comment mon fils, qui était resté dans l'Allemagne, est tombé dans vos mains. Fixez vous-même, Seigneur, ce que vous voulez pour leur rançon; je vous en compterai la plus grande partie comptant, et le reste en traites sur Tobie Reicht, riche laboureur de la Souabe. Mehemed hésita long-temps pour accepter les offres de Damster. Il fixa le prix de ses esclaves quatre fois au-dessus de leur valeur, en reçut la moitié comptant, et, ayant signé l'acte d'affranchissement, il le remit à Damster en lui disant en grec, qu'il parlait très-agréablement, qu'il fallait être européen pour racheter sa femme âgée de plus de cinquante ans, plus cher que l'on ne paierait au bazard la plus jeune et la belle fille. Il voulut revoir le baron de Buosen avant son départ, et lui fit présent d'un très-beau cimeterre et de deux chevaux arabes. Il lui souhaita toute sorte de bonheur, et lui dit qu'il voulait être instruit de sa destinée quand il serait de retour dans son pays. Le baron de Buosen le lui promit, et, après un ample déjeuner dont Norbert prit sa part, ils sortirent tous quatre du fort, ayant une grande joie les uns et les autres de rentrer en Allemagne; ils prirent la route de Vienne, où ils arrivèrent sans aucun évènement remarquable; et, après s'être assuré un logement dans la ville où ils laissèrent la nourrice et Norbert, ils se rendirent à l'hôtel de Blankenstein. La première personne qu'ils rencontrèrent fut Ernest, dont la joie ne pouvait se comprendre en revoyant son cher baron de Buosen qu'il embrassa comme un frère. Il salua Damster qu'il ne reconnaissait pas, et les mena l'un et l'autre chez Amélie, qui était en grand deuil de son père, mort il y avait fort peu de temps. Elle reconnut aussitôt le baron, à qui elle fit l'accueil le plus gracieux. On pense bien qu'il fallût que Buosen envoyât chercher à l'hôtel où ils étaient descendus, ses chevaux, ses bagages. — Et ma nourrice, ajouta Buosen en riant. —Soit, votre nourrice : tout ce qui vous appartient est sûr d'être bien reçu ici. Norbert, la bonne Marceline, les quatre chevaux, les valises, tout arriva à l'hôtel de Blankenstein; et, avant qu'ils y fussent, M. et Mme de Blankenstein savaient, sous le sceau du secret, ce qu'était Damster et les obligations que le baron lui avait.

On s'occupa aussitôt de loger les nouveaux hôtes. Damster supplia le comte de le laisser vivre au milieu du monde, dans la plus profonde retraite, non-seulement pour son goût, mais en outre comme nécessaire à l'accomplissement de ses projets. Il fut donc convenu que, jusqu'à ce qu'il pût partir pour la vallée de Mittersbach, il habiterait, ainsi que la nourrice, un charmant pavillon qui était au milieu du jardin, où on leur apportait à manger, à Damster des livres, et à la bonne Marceline un rouet et du lin. Norbert était aussi logé dans le pavillon, et n'en sortait que pour veiller aux soins de son cheval et de celui de Damster qui étaient avec ceux de Buosen dans les écuries du chambellan. Quant au baron, il resta dans le grand corps de logis, et le comte le présenta dès le soir à ses amis, comme un homme échappé par miracle de l'esclavage des Turcs. Ceux qui l'avaient connu à l'armée, et ceux qui avaient entendu parler de ses hauts faits, le comblèrent de félicitations et d'éloges. Il écrivit, comme il en était convenu avec Damster, au comte, en le priant de le rappeler au souvenir d'Isidore, et d'assurer sa mère de ses respects. Il data sa lettre de Vienne, et y parla avec la plus vive reconnaissance des témoignages d'amitié qu'il recevait du comte et de la comtesse de Blankenstein.

Cette lettre, comme on l'imagine bien, fit un effet fort différent sur ceux qui habitaient le château, suivant leurs sentimens pour le baron. Le comte fut enchanté que son jeune ami existât, et se faisait un plaisir de le revoir; car, étant chaque jour plus mécontent de son fils, il espérait retrouver dans celui qui l'était aussi, sans qu'il s'en doutât, quelque satisfaction. Pour le faux Rémond, il était furieux, en pensant que son rival n'était point mort, comme il s'en était flatté, et il fit promettre à sa mère de tout employer pour qu'il ne revînt pas à Mittersbach. La comtesse au contraire éprouva la joie la plus vive de cette nouvelle. Madame d'Hercourt l'eût partagée, sans la profonde douleur où la jetait le départ de sa fille. Pour le baron d'Hercourt, comme il ne laissait point pénétrer ses sentimens, il affecta une parfaite indifférence. Il était résolu de partir pour Vienne, afin d'aller trouver Buosen, et lui demander s'il savait où était Iseult, décidé, s'il ne lui disait pas, de se battre avec lui, malgré la différence de leur âge, ne voyant pas pour lui de plus grand malheur que de survivre à la honte que la fuite de sa fille faisait rejaillir sur les auteurs de ses jours. Il feignit donc un voyage indispensable dans ses terres, où il n'avait pas été depuis son mariage avec Alexandrine. Il monta à cheval et arriva à Vienne le même jour que Damster en partait. Ils se rencontrèrent même sur la route sans que Francisque s'en doutât. Damster était enveloppé dans son manteau, son chapeau sur les yeux. D'ailleurs d'Hercourt était loin d'imaginer que l'homme qu'il voyait à cheval près de lui, fût celui que l'on croyait mort depuis plus de vingt ans. Damster, au contraire, le reconnut parfaitement, et son arrivée en Autriche l'inquiétait. Il était prêt à rentrer dans la ville; mais, se souvenant de la sincère amitié du comte de Blankenstein pour le baron, il poursuivit son chemin. Il était chargé d'une lettre de la comtesse Amélie pour Iseult, d'une autre lettre du baron de Buosen, où il assurait mademoiselle d'Hercourt de son amour et de son respect; il continua donc sa route. Nous allons le laisser arriver à la métairie, où il devait s'arrêter quelque temps avant d'aller au couvent de Sainte-Thérèse et même à Mittersbach, et nous suivrons Francisque dans Vienne.

Il n'y avait pour lui aucune difficulté de trouver le fils d'Isidore, puisque celui-ci avait écrit qu'il logeait chez le chambellan. M. d'Hercourt s'y rendit donc en arrivant; il demanda à parler à Ernest, qui fut étonné de voir le baron, et encore plus quand M. d'Hercourt lui demanda, au nom de l'honneur, de lui dire s'il n'avait aucune connaissance du lieu où sa fille s'était retirée, et si Buosen n'était pas instruit. — Quoi! vous pourriez, M. le baron, croire Iseult capable de confier son sort à un homme qui ne serait point son époux! — Les femmes qui ont été les plus vertueuses, les plus réservées, sont capables de tout quand la passion les aveugle. Non, reprit le comte, mademoiselle d'Hercourt a pu fuir pour se soustraire à l'affreux malheur d'être la femme d'un homme aussi méprisable que le comte Rémond; mais je jurerais bien qu'elle ne sera sortie de chez vous, que pour se retirer dans quelque couvent. — Nous l'avons fait chercher, reprit Francisque, dans tous ceux des environs;

elle n'est dans aucun. Cela m'étonne, reprit l'époux d'Amélie; mais je n'en suis pas moins intimement persuadé que M. de Buosen n'a eu aucun rapport avec Iseult. Il lui raconta comment il avait été en esclavage, en omettant tout ce qui avait trait à Damster et à la nourrice, et dit seulement qu'il avait été racheté par un marchand allemand; que ce dernier l'avait amené chez lui, où il s'était estimé heureux de le recevoir, lui ayant, comme le savait Francisque, les plus grandes obligations.

M. d'Hercourt fut en quelque sorte fâché de ne pas trouver de sujet réel, pour exercer l'humeur qui le dévorait depuis le départ de sa fille; il n'en était pas moins en colère contre celui qu'il appelait Frédéric; et, l'accusant d'être la cause au moins indirecte de ses malheurs, il aurait voulu lui en faire porter la peine; et, comme il hésitait au fond de son cœur, pour savoir s'il reverrait le baron, ou en ennemi ou en ami, celui-ci, ayant appris que M. d'Hercourt était à Vienne, et de plus chez M. de Blankenstein, il y entra avec le désir le plus vif de lui témoigner son respect, et de savoir par lui des nouvelles de tout ce qui lui était cher à Mittersbach. Quelle fut sa douleur quand M. d'Hercourt le reçut avec un froid glacial! Quoi! lui dit-il, ne suis-je donc plus votre Frédéric que vous honoriez de tant de bontés, ce jeune homme pour qui vous partagiez les sentimens du comte et de la comtesse de Zizermann? en quoi ai-je mérité d'être devenu tout à-coup un objet de haîne? car je ne puis me dissimuler que vos yeux se tournent vers moi avec l'expression de la colère: dites-moi quel est mon crime? — J'ai perdu ma fille; c'est la folle passion que vous lui avez inspirée qui en est cause. Et vous me demandez, M. de Buosen, quel est le sujet de mon ressentiment! il est tel, que je brûle de l'éteindre dans votre sang, et que je n'ai quitté la vallée de Mittersbach qu'avec ce dessein; et Francisque porta la main sur son épée. Vous pouvez, Monsieur, dit le fils d'Isidore, en découvrant sa poitrine, percer ce cœur, il s'offre à votre vengeance;

mais jamais vous n'obtiendrez de moi de prendre les armes contre le père d'Iseult. Frappez, Monsieur, je ne murmurerai point de mon sort; mais, je le répète, le père d'Iseult est pour moi un être sacré, contre lequel jamais ce fer ne se tournera. En finissant ces mots, il jeta loin de lui son épée, et, mettant un genoux en terre, il semblait attendre ce que la colère conseillerait au père d'Iseult.

M. d'Hercourt sentit toute la supériorité que M. de Buosen avait sur lui dans cette position, et son orgueil ne lui laissa pas prendre le seul parti qui lui restait; loin de se rendre à la soumission et au respect que le jeune baron lui témoignait, il reprit froidement: je ne suis point un assassin, Monsieur; mais j'appelle en champ clos celui qui m'outrage, et c'est ce qui me fait vous ajourner d'aujourd'hui en trois mois : si à cette époque je n'ai pas de nouvelle de ma fille, vous viendrez sur la grande pelouse, au-dessous de l'avenue du château de Mittersbach, où j'aurai soin de faire trouver des chevaux et des armes, dont je vous laisserai le choix; pensez que je vous regarderai comme le plus lâche des hommes si vous manquez de vous y trouver. — Je m'y rendrai, et j'espère, monsieur le baron, vous trouver dans des sentimens différens de ceux qui vous agitent aujourd'hui. — Ils seront toujours semblables, tant qu'il ne me sera pas démontré que vous n'êtes pour rien dans la fuite de ma fille. — Il me semble, monsieur le baron, que ma parole devait vous suffire, et que j'avais acquis, au prix de mon sang et d'une dure captivité, le droit que l'on y crût. — Tant d'hommes se conduisent en héros à l'armée, qui n'en sont pas moins des scélérats dans l'intérieur des familles. Vos exploits n'ont rien qui puissent me faire croire à la loyauté de votre conduite avec Iseult. Enfin, c'est un parti pris; ou elle me sera rendue d'ici à trois mois, ou vous m'en rendrez compte dans quatre-vingt-dix jours. Adieu, monsieur le comte; mon voyage n'avait d'autre but que de déclarer à M. de Buosen mes intentions à son égard : pardon, de ne pouvoir prolonger mon séjour en cette ville, je vous aurais demandé de me présenter à Mme la comtesse de Blankenstein ; mais des devoirs importans me rappellent en Souabe, où personne ne sait que je suis venu ici, et il se retira, quelques instances que lui fît Ernest de rester. Le comte consola son ami de l'injustice de Francisque à son égard, en comblant de louanges sa conduite dans cette circonstance délicate, où il avait su concilier l'honneur et le respect qu'il devait au père de son amie, et le secret qui lui était confié. Il l'assura qu'avant trois mois toutes ses peines finiraient, et que ce rendez-vous n'aurait point lieu.

M. Damster continua sa route et arriva chez le bon Tobie, qui eut une grande joie de le revoir ; et sa femme encore plus d'embrasser son cher Norbert. Mes amis, leur dit-il, j'ai fait un long et pénible voyage, mais dont le but est rempli ; je viens me reposer quelque temps avec vous, mais je ne vous rends point Norbert ; j'ai à l'employer pour des commissions délicates, et pour lesquelles j'ai besoin d'un homme courageux et discret. Tobie assura Damster que lui et toute sa famille étaient à ses ordres.

Ce ne fut que deux jours après que le mari de Pétronille fit partir Norbert avec de l'or, et des lettres signées de M. Damster qui serviraient à sa justification, si malheureusement le projet était découvert avant son exécution. Malgré le danger que ce jeune homme voyait bien qu'il allait courir, il ne fit aucune observation à son protecteur, et garda scrupuleusement son secret.

Norbert fut près d'un mois dans la vallée de Mittersbach ; car c'était-là que M. Damster l'avait envoyé pour obtenir ce qu'il allait y chercher, et qui n'était rien moins que des doubles clefs de tous les appartemens du château ; commission, comme on voit, extrêmement périlleuse, et à laquelle l'honnête Norbert ne se serait pas prêté, s'il n'avait pas su, à n'en pouvoir douter, quel usage M. Damster en voulait faire, et qui devait tourner à la punition des scélérats et à la justification de l'innocence.

M. Damster éprouva une grande joie lorsqu'il se vit en possession des clefs ; il partit le lendemain avec Norbert, assurant les parens de ce jeune homme qu'il n'y avait plus aucun danger pour leur fils ; ils se rendirent d'abord chez les filles de Sainte-Thérèse, où Iseult pensa mourir de joie quand elle sut que son cher Buosen vivait, et était prêt à se réunir à elle dès qu'il aurait obtenu le consentement de ses parens : ce qui ne serait pas difficile. Il lui remit les lettres de la comtesse et de son amant, et le cœur de la pauvre Iseult pouvait à peine suffire à des sensations aussi délicieuses.

Damster entra avec Iseult dans les plus grands détails sur son existence, pour savoir si elle n'avait manqué de rien ; elle l'assura qu'elle ne pouvait que se louer des saintes filles chez qui elle était venue chercher un asile, et où elle se serait trouvée très-heureuse sans l'idée de l'inquiétude que son départ devait causer à ses parens et à ses amis.

Damster se garda bien de lui dire qu'il avait rencontré le baron d'Hercourt aux portes de Vienne; cela lui aurait causé les plus vives inquiétudes, et, ne pouvant encore la rendre heureuse, il voulait au moins qu'elle fût tranquille. Ils s'entretinrent aussi des projets de Damster, et mademoiselle d'Hercourt ne pouvait se livrer à l'espérance que le mari de Pétronille voulait faire passer dans son âme;

et il était impossible qu'elle ne fût pas même effrayée des dangers que son ami pouvait courir pour elle. Hélas ! elle disait : J'ai fait jusqu'à ce moment le malheur de tout ce que j'aime ; sans moi, mon cher Buosen n'eût pas quitté le château de Mittersbach ; et ne fais-je pas couler sans cesse les larmes des auteurs de mes jours ? Non, je ne puis faire que du mal ; vous verrez, mon ami, que je n'aurai troublé la solitude où vous étiez enseveli depuis plus de vingt ans, que pour vous faire éprouver de nouveaux malheurs. — N'ayez point de semblables idées, répondit Damster, préparez-vous plutôt à me revoir triomphant de nos ennemis, et venant vous chercher pour vous reconduire au près du baron et de la baronne qui vous uniront au comte, après que celui-ci sera solennellement reconnu par M. de Zizermann. Elle ne pouvait croire que tant de biens lui fussent réservés ; enfin il la quitta et vint s'établir dans une petite maison qui appartenait au berger et était près du château ; il ne l'habitait point, étant logé à la ferme ; cet homme était très-attaché à Damster ; celui-ci lui avait sauvé la vie avant qu'il partît pour l'armée. Pierre Frakmann (c'était le nom du berger) ramenait tranquillement ses brebis à la bergerie, lorsque tout-à-coup il sort du bois un loup d'une grandeur surprenante qui, pressé, soit par la rage ou par une faim dévorante, se jette sur Pierre et était au moment de le terrasser quand Damster, apercevant le danger où était le berger, accourut à son secours, et, s'élançant avec autant de vigueur que d'adresse sur l'animal, il le perce d'outre en outre avec son couteau de chasse; l'animal furieux tombe en mordant la terre, encore fumant de son sang, et expire.

Pierre ne sait, dans le premier moment, qui l'a tiré des portes du trépas, car il se croyait prêt à mourir, et déjà il implorait la miséricorde céleste, quand il voit nager dans son sang l'animal qu'il croyait être au moment de le dévorer. Il chercha son libérateur. Lorsqu'il aperçoit Damster, il se jette à ses pieds; celui-ci le relève et lui dit qu'il n'avait fait pour lui que ce qu'il eût fait lui-même en pareille occasion. Cela n'empêcha pas Pierre Frakmann d'assurer M. Damster qu'il se croyait tellement lui être redevable de la vie, qu'il jurait que, quoi que ce soit qu'il lui demandât, il le ferait, soit de vive voix ou par l'entremise de qui que se soit. En disant cela il brisa une pièce de monnaie et en remit la moitié à Damster, en ajoutant : vous m'enverrez cette moitié de pièce dont je garderai soigneusement l'autre; et, je vous le répète, tout ce que vous me demanderez, et qui sera en mon pouvoir, je le ferai.

Damster avait gardé cette moitié de pièce sans s'imaginer qu'elle pût lui être utile; il s'en souvint lorsqu'il eut le projet de se rapprocher du château sans y être vu, et il chargea Norbert de ce signe de reconnaissance, faisant demander à Pierre la clef de sa maison. Le berger fut bien étonné de revoir cette moitié de pièce qu'il se souvenait bien avoir donnée à M. Damster, mais qu'il croyait perdue à la mort de celui-ci. Il demanda à Norbert comment il avait dans les mains une chose dont M. Damster et lui avaient seuls connaissance. Alors Norbert lui apprit, sous le sceau du secret, que l'époux de Pétronille était vivant et que c'était pour lui qu'il demandait la clef. Pierre en éprouva une extrême joie, assura Norbert de toute sa discrétion, et que M. Damster ne manquerait de rien tant qu'il serait dans sa cabane; en effet Damster, en y arrivant avec son compagnon de voyage, trouva un fort bon souper, des draps blancs dans les lits, et dès que la nuit fut profonde, Pierre vint offrir à son libérateur ses services, et se procura en même temps le bonheur de voir celui qu'il avait si amèrement pleuré. Damster le revit aussi avec plaisir, et lui demanda différentes choses dont il avait besoin.

Damster resta toute cette nuit, et le jour suivant, à se reposer : mais le second jour, après un aussi bon repas que la veille, il sortit, au coucher du soleil, pour se rendre au poste où il avait le projet de rester quelques heures. Pierre l'accompagna jusqu'à la porte du parc, qu'il ouvrit avec le passe-partout que

Norbert s'était procuré. Là, il fit ses adieux à Pierre. Norbert était resté dans la cabane. Damster s'avança, non sans inquiétude, et resta dans un bosquet d'où il pouvait observer ce qui se passait dans le château.

Il attend l'instant où la salle à manger, dont il connaissait la place, étant très-éclairée, lui prouva qu'on était à table. Il s'avance, non sans un grand trouble, traverse, sans être vu, le vestibule, monte l'escalier, arrive à la porte de l'appartement de sa femme, écoute avec la plus grande attention s'il n'y a personne, et, lorsqu'il en est certain, il entre et se cache dans un des cabinets de son alcove, derrière un rideau qui couvrait des robes. Il avait une lanterne sourde qui lui servait à distinguer les objets. Là il attend le retour de sa perfide moitié. Elle ne tarda pas à remonter chez elle. Ulric l'y accompagna et s'assit un instant dans sa chambre. Il avait l'air sombre et tourmenté. — Non, disait-il, vous ne parviendrez jamais à éteindre dans mon âme l'amitié que j'ai vouée au baron de Buosen. Je puis, pour vous plaire, le tenir toujours éloigné d'ici, mais je n'en serai pas moins fâché de ne pas le voir. — Qui vous empêche de le faire venir? — Qui m'en empêche? Vous, Pétronille. — Moi! en aucune manière; je vous ai seulement fait observer le danger qu'il y a de le rapprocher de votre fils, dans la crainte qu'il n'y eût un combat entre eux, et que

Rémond ne tombât sous les coups de ce Buosen que vous aimez si fort et que je déteste. — Vous êtes la seule. — Cela peut être : mais si vous n'avez pas autre chose à me dire que de me faire son éloge, ce n'est pas la peine de me faire veiller, je n'en puis plus de sommeil. Elle sonna ses femmes et le comte se retira d'assez mauvaise humeur. Mme Damster en avait encore plus : aussi celles qui la servaient ne firent-elles rien à son goût, et sa toilette fut très-orageuse. Enfin, après avoir employé tous les soins que demande pour une femme coquette le déclin des beaux jours dont elle veut conserver l'illusion, elle leur permit de se retirer, lorsqu'elles l'eurent mis au lit, où elle prit un livre pour chercher à éloigner d'elle les pensées qui, malgré sa prétendue philosophie, troublaient sans cesse son repos et écartaient le sommeil de sa paupière. Damster, impatient de porter dans l'âme de cette femme coupable les derniers coups, sort de sa retraite et paraît à l'instant à ses regards. Pétronille fait un cri, mais Damster lui dit, du son de voix le plus menaçant, de se taire, ou qu'il y va de ses jours. — Vous me reconnaissez, ajouta-t-il, je ne puis en douter à l'effroi que je vois se peindre sur votre physionomie. Vous devez bien penser que je ne quitte pas le séjour de la mort pour un sujet qui n'aurait pas une grande importance. Ne croyez-pas cependant que je vienne ici pour vous reprocher votre inconduite, c'est le moindre de vos crimes, pas même d'avoir porté l'audace jusqu'à nommer mon fils le fruit d'une flamme adultère; peut-être trouveriez-vous dans ma conduite avec vous quelqu'excuse; mais ce qui ne peut être excusé, ce qui exige une réparation authentique, et que je viens vous ordonner de faire, sous peine d'une mort cruelle, c'est d'avoir eu la barbarie d'arracher à la comtesse son propre fils pour y substituer le vôtre, dont les inclinations, aussi perverses que votre cœur, font le tourment de son père et le malheur de la vertueuse Isidore. Je vous donne huit jours pour tout découvrir à la comtesse et pour forcer le comte à rappeler son fils et à chasser le vôtre. Rien de vos crimes ne m'étant inconnu, je sais que vous avez vendu et rendu esclave la nourrice de Rémond, et que son cousin a servi vos infâmes projets; on vous en demandera compte, si vos aveux ne préviennent la justice. Ainsi donc à huit jours, entendez-vous, ou craignez les supplices qui vous sont destinés et à votre complice Mendorf, et qui vous feraient frémir si vous pouviez les voir comme moi. Sans attendre une réponse que Pétronille n'avait pas la force d'articuler, il sortit de la chambre, ouvrit la porte de l'appartement, qu'il referma sur lui, et en fit autant de toutes celles qu'il avait à passer pour se retrouver dans le jardin, et vint rejoindre Pierre et Norbert qui l'attendaient avec une vive impatience.

Ils ne purent s'empêcher de rire de l'effroi qu'avait eu Pétronille. Frackmann promit à M. Damster de lui rendre compte de l'effet que son apparition aurait fait dans le château. Je parie, dit l'époux de Pétronille, que madame Damster n'en parlera a personne, si ce n'est à Mendorf, qui encore se moquera d'elle; mais je me réserve pour la seconde apparition, quelque chose de plus décisif; et Pierre étant allé rejoindre ses moutons, M. Damster se coucha et dormit d'un sommeil aussi tranquille, que celui de sa femme fut agité.

Pétronille ne croyait à rien; et, si on lui avait dit que son époux avait quitté le séjour de la mort pour venir révéler ses secrets, elle aurait traité de fou ou d'imposteur celui qui aurait voulu le lui faire croire; mais elle l'a vu, il lui a parlé; elle ne peut imaginer qu'un songe l'ait abusée, elle n'était pas encore endormie quand il lui apparut. Il est vrai qu'il n'était point revêtu d'habits funèbres, comme l'imagination se représente toujours les fantômes. Ses plaies ne laissaient point couler un sang noir, sa figure n'avait rien de la pâleur de la mort. Il paraissait en effet plus âgé qu'au moment où il avait quitté le château pour se rendre à l'armée, mais c'étaient bien les mêmes traits, et le même son de voix. S'il était vivant! Mais que serait-il devenu depuis vingt ans? D'ailleurs, qui aurait pu lui apprendre les secrets dont elle seule et le comte étaient instruits ? Il n'y a pas de doute, c'est bien lui, et lui qui revêt un corps fantastique, pour venir la voir et la forcer à avouer ce qu'elle a fait pour assurer à son fils l'héritage qui appartenait au fils d'Isidore; mais alors l'âme survit donc à son enveloppe? Il y a donc un Dieu? Ah! qu'ai-je à attendre de lui? Elle voulut prononcer une formule de prières, pour appaiser ce grand Etre, qui se présentait pour la première fois à elle, revêtu de toute la rigueur de sa justice, mais il ne lui fut pas possible. Il semblait qu'il ne lui était plus permis de chercher à fléchir sa colère; elle avait dédaigné la croyance consolante d'un Etre parfait, père des humains, sans cesse occupé de leur donner des preuves de sa tendresse. Elle ne le voyait plus que comme un juge inexorable, ayant dans sa main des traits qui portent la mort. Cette pensée la jeta dans un trouble plus grand encore que celui qu'elle avait éprouvé en voyant Damster au milieu de sa chambre. Elle ressentit des mouvemens convulsifs, qui lui firent jeter des cris dont ses femmes, effrayées, vinrent savoir la cause. Elles la trouvèrent se tordant les bras, et répétant d'une voix étouffée : Non, non, plus de repos, plus d'espérance. Celle de ses femmes qui lui était le plus attachée lui demanda ce qu'elle éprouvait. — Je vais mourir, je vais mourir. *Et il est là*. Il est là!

en levant les yeux. O Ciel, *il est là!* Que lui répondrai-je? Ah! c'est toi, Constance? va trouver Mendorf, dis-lui qu'il vienne, je veux lui parler tout de suite; qu'il se hâte de venir, s'il veut me retrouver, car je me sens mourir. Constance, effrayée, vole à l'appartement de Mendorf, frappe à coups redoublés à sa porte; il n'entend pas. L'âge avait affaibli en lui l'organe de l'ouie. D'ailleurs son sommeil était profond. Son goût pour la bonne chère, qui s'était accru avec les années, l'avait rendu fort replet, et il était très-difficile, lorsqu'il était endormi, de le réveiller, tant ses sens étaient appesantis par l'excès de la table, et Constance n'aurait pu parvenir à lui faire quitter son lit, si le valet de

Mendorf ne s'était pas levé pour ouvrir la porte de son maître. — Que voulez-vous, la jolie brune? uel démon vous fait troubler le re-os d'un vieillard ? — Trève de plaisanterie, reprit Constance, réveillez romptement votre maître, qu'il vienne à l'instant chez ma maîtresse qui se meurt; et, sans attendre davantage, elle retourna auprès de Pétronille, dont l'état l'inquiète fort. lle trouva le comte auprès du lit e Mme Damster, car les cris de cette femme avaient pénétré jus-u'à lui. Il s'efforçait en vain d'ap-rendre d'elle la cause de l'état ruel où elle était. Elle gardait le lus profond silence, qui n'était interrompu que par l'accent de la dou-ur, Zizermann veut envoyer chercher un médecin ; Pétronille s'y oppose, disant que son mal ne peut être guéri par aucun moyen humain, qu'il ne lui faut que du repos, et elle presse Ulric de retourner dans son appartement; car ce n'est pas à lui qu'elle veut faire part du sujet de son trouble. Mendorf est le seul confident qui lui convienne, et Mendorf ne vient point.

Thibaut eut en effet beaucoup de peine à faire quitter le lit au vieillard, qui ne concevait point par quelle fantaisie Mme Pétronille l'envoyait chercher publiquement au milieu de la nuit, et, malgré ses soixante-quinze ans, il ne se croyait pas tellement sans conséquence, qu'on ne mît pas avec lui plus de mystère; il rêvait, selon toute apparence, qu'il était toujours le vif et semillant Mendorf. Son valet parvint cependant à lui faire comprendre que Mme Damster était fort malade, et qu'elle avait à lui parler de choses importantes ; alors il est saisi d'effroi, et, passant à la hâte quelque vêtement, il prend le bras de Thibaut et se fait conduire à l'appartement de Pétronille ; car ses jambes lui refusent le service, tant il est troublé. M. de Zizermann le voit entrer, et lui demande comment il a su l'état de Mme Damster. —Thibaut, reprit le vieillard, m'a dit qu'elle m'avait envoyé chercher. —Vous êtes plus heureux que moi, dit Ulric d'un ton piqué, on vous appelle et on me renvoie ; et, se levant, il sortit aussitôt. Pétronille ne parut pas entendre ce reproche; peu lui importait ce que pensait Ulric; ce qu'elle voulait dans ce moment, c'était d'être seule avec son complice. Elle lui fait signe de s'asseoir auprès de son lit à la place que le comte venait de quitter, dit à ses femmes de se retirer, et, lorsqu'elle est seule avec Mendorf, elle lui raconte dans le plus grand détail ce qui vient de se passer. Mendorf lui demande si sérieusement elle croit ce qu'elle lui dit. — Quoi! vous pouvez imaginer, reprit Pétronille, que c'est vous que je voudrais tromper. Hélas! que ne puis-je me persuader que ce que j'ai vu n'était qu'une illusion! — Mais, ma chère, il n'y a aucun doute que ce n'en soit une. Avez-vous jamais pu penser qu'un époux, mort depuis plus de vingt ans, s'amuse à revenir dans ce monde pour les intérêts d'un jeune homme, qui ne peut lui être que très-indifférent. Ah ! Pétronille ! je ne reconnais pas là votre force d'esprit : quoi ! n'avez-vous échappé à toutes les superstitions dont on berce votre sexe que pour croire un conte absurde, ou plutôt pour donner de la réalité à un rêve ? car ce ne peut être autre chose. — Ah ! Mendorf ! je ne rêvais pas ; je n'avais pas encore dormi ; je l'ai vu, comme je vous vois, sortir de ce cabinet, s'avancer jusqu'au milieu de la chambre ; j'entends encore retentir le son de sa voix ; ses yeux étaient menaçans. Vous verrez que d'ici à huit jours, si je ne fais pas ce qu'il m'a ordonné, il nous arrivera quelque malheur à vous et à moi, peut-être à mon fils. — Et quel malheur peut-il nous arriver et à Rémond, comparable à ceux que causerait la révélation que votre prétendu fantôme exige? Ce qui est plus fâcheux dans toute cette affaire, c'est que, s'il est vrai que vous ayez vu et entendu ce que vous rapportez, il est certain que vous avez dans ce château quelqu'ennemi qui cherche à vous effrayer, et qui, je ne sais par quel moyen, est instruit de vos secrets. Il faudrait faire épier avec soin ceux qui vont et viennent dans cette maison, et surtout fermer vos portes. Votre revenant vous a ajourné à huit jours; je me trouverai avec vous, et nous le verrons.

Mme Damster était trop sûre que c'était son mari qu'elle avait vu pour être tranquillisée par ce que lui disait Mendorf, et elle ne voyait pas d'utilité à prendre aucune précaution contre un esprit qui, suivant elle, se rirait de tout ce qu'ils feraient pour traverser ses projets; et, n'ayant point trouvé la consolation qu'elle attendait de Mendorf, elle regretta de l'avoir instruit de cet évènement, et fut foncièrement piquée du ton léger qu'il avait pris avec elle; elle se décida à le prier de ne pas venir le huitième jour, comme il en avait le projet. Il fera, dit-elle en elle-même, quelque mauvaise plaisanterie à Damster, qui n'était pas plaisant lorsqu'il habitait la terre, et je ne crois pas que le séjour où il est maintenant l'a t rendu plus sociable, et il pourrait fort bien se fâcher : non, il vaut mieux que je sois seule. Mendorf en dira tout ce qu'il voudra, je ne veux point, par amitié pour lui, me brouiller avec les gens de là bas, auxquels il faut bien que je croie, puisque j'en ai vu un.

Elle fit coucher Constance dans sa chambre, dormit peu, et le lendemain elle était si changée qu'on eût dit qu'elle avait fait la plus grande maladie. Le comte, choqué de la préférence qu'elle avait donnée à Mendorf sur lui, résolut de paraître de la plus grande indifférence à son égard. Il n'envoya pas seulement savoir de ses nouvelles, et partit pour la chasse avec la comtesse, ce qui causa beaucou d'humeur à Pétronille ; aussi Me dorf s'en ressentit, et la journée entre eux fut très-orageuse. D'ailleurs Mme Damster ne pardonnait pas à Mendorf les railleries qu'il lui avait faites sur ce qu'il appelait ses idées superstitieuses, et ainsi elle n'avait aucun moyen de se distraire des craintes que son mari avait jetées dans son âme, et qui lui faisaient redouter des malheurs qu'elle ne se sentait pas la force d'éviter par une confession sincère de ses crimes.

La comtesse, au contraire, étonnée de se trouver seule avec le comte, ne savait à quoi attribuer cette singulière faveur, et se promit bien d'être si aimable avec Ulric, qu'il désirerait encore quelquefois de renouveler cette partie. Elle montait très-bien à cheval, et le plaisir qu'elle avait d'être avec son mari laissait à son esprit toute sa grâce. Sa conversation était charmante, quand rien ne l'affligeait; aussi le comte y trouva tant de plaisir, qu'il ne voulut point rentrer pour dîner. Mais, comme ils étaient assez près de la maison de Pierre, M. de Zizermann offrit à sa femme d'y faire une halte. Elle l'accepta avec plaisir.

Le comte descend de cheval, frappe à la porte, se nomme, et Norbert vint ouvrir. —Pouvez-vous, lui dit le comte, nous donner à dîner? — Avec honneur et plaisir, Monseigneur, mais pas d'une manière digne de votre altesse. —N'importe, madame de Zizermann et moi nous mourons de faim, et l'appétit rend tous les mets excellens.

La comtesse descendit aussi, et fut surprise de l'ordre et de la propreté qui régnait dans cette habitation. Je croyais, dit-elle à Norbert, que cette maison appartenait à Pierre le berger? — Oui, Madame, mais il me l'a louée. — Il n'y a donc pas long-temps? — Pas un mois. — Aussi je ne vous connaissais pas. Etes-vous marié? — Non, Madame. Norbert fit du feu, prépara le dîner, dont le gibier que le comte avait tué faisait la plus grande partie.

Il est aisé d'imaginer que M. Damster s'était retiré dans une petite chambre où couchait Norbert, et d'où le mari de Pétronille voyait, sans être vu, tout ce qui se passait dans la pièce où était la comtesse.

Avec quelle satisfaction il se trouvait près de celle qu'il n'avait point cessé d'adorer ! Il se flatta même que le Ciel n'avait point amené cette rencontre, sans qu'elle ne pût être utile à ses projets, et il ne se trompa pas. Le dîner était prêt, la comtesse se faisait un grand plaisir d'en faire les honneurs à son cher Ulric, quand celui-ci voit passer un chevreuil. Emporté par l'ardeur de la chasse, il quitte le dîner, la comtesse, et poursuit le timide animal, qui s'enfonce dans la forêt. Le comte disparaît aussi. La comtesse est d'abord un peu embarrassée en se trouvant seule avec Norbert, qu'elle ne connaît point, mais sa physionomie franche et honnête la rassura. Elle allait se décider même à manger d'une perdrix qui est déjà servie, et comme, elle se mettait à table, Norbert lui remet un billet, elle l'ouvre et y trouve ces mots.

Billet de M. Damster à la comtesse de Zizermann.

« Le Ciel, qui protège l'innocence, me procure, Madame, l'inespéré bonheur de pouvoir vous entretenir un instant. Soyez sans crainte; je ne suis plus ce téméraire qui a mérité ses malheurs, mais l'ami le plus sincère du baron de Buosen et d'Iseult. C'est pour eux que je suis ici : permettez-moi de venir vous entretenir de leurs intérêts. DAMSTER. »

Mme de Zizermann relut deux fois cette signature; mais on parlait d'Iseult, du baron de Buosen ; le désir d'apprendre ce qui les intéressait fut au-dessus de toute considération, et elle dit à Norbert que la personne qui lui avait remis ce billet pouvait entrer. Malgré qu'elle fût prévenue que c'était Damster qui lui écrivait, elle ne put se défendre d'une sorte d'effroi en l'apercevant. Mais il se hâta tellement de lui expliquer ses relations avec des êtres qui lui étaient extrêmement chers, qu'elle oublia bientôt ses anciens ressentimens contre cet infortuné. Il lui expliqua ce qu'il hasardait pour obtenir l'aveu du crime de Pétronille, lui prouva que Buosen était son fils, lui rendit sa bague, qu'Iseult lui avait remise, la supplia d'en faire usage pour les plus chers intérêts de son fils, et pour que le comte rendît enfin justice à sa vertu. Les momens étaient si courts que tout fut dit dans le moins de paroles possible. Mais la comtesse promit à Damster de revenir le lendemain avec monsieur et madame d'Hercourt, et que là ils prendraient définitivement le parti le plus sûr.

Damster fut le premier qui aperçût le comte, revenant à toute bride, et rapportant sur son cheval le pauvre chevreuil. Damster rentra dans la pièce voisine. Madame de Zizermann, pour cacher la vive émotion que tout ce qu'elle venait d'apprendre lui causait, alla au-devant d'Ulric et lui fit d'assez vifs reproches de l'avoir abandonnée pendant près de deux heures. Pour courir après un chevreuil que je rapporte, dit-il ; ainsi on n'a rien à me dire. Cependant, voyant que la comtesse n'avait pas dîné, et, ne soupçonnant pas la raison qui l'en avait empêché, il lui fit des excuses, se mit à table, mangea en véritable chasseur. Pour la comtesse, elle ne pouvait manger, son cœur était froissé par les différens sentimens que les révélations de Damster lui faisaient éprouver. Elle était au comble de la joie de penser que Buosen était son fils : mais aussi une si noire trahison lui causait une profonde indignation, et la pensée qu'il lui faudrait revoir ces scélérats lui paraissait bien pénible. Elle avait aussi à se plaindre du comte, qui avait eu la faiblesse de ne point révéler ce secret : mais elle se souvint qu'il se croyait offensé et s'accusa seule de tout ce qu'elle avait éprouvé de malheur, en n'ayant pas remis la bague à M. de Zizermann ; elle se promit bien de ne pas perdre de temps pour réparer cette faute. Ulric, remis enfin de la fatigue qu'il s'était donnée en suivant le chevreuil, proposa à la comtesse de remonter à cheval.

Elle ne demanda pas mieux : elle avait besoin d'épancher son cœur dans celui d'une amie. Ils arrivèrent au château presqu'à la nuit. La baronne commençait à être inquiète de Mme de Zizermann : celle-ci l'embrassa avec l'expression du bonheur, et lui dit à l'oreille : Iseult se porte bien. — Qui vous l'a dit ? — Vous le saurez; nous nous réunirons avec Francisque dès que tout le monde sera retiré. La baronne eut peine à apprendre cette heureuse nouvelle sans faire éclater sa joie; mais cependant elle sut se contraindre.

Pétronille, encore souffrante de l'accident qu'elle avait éprouvé, et plus encore de l'inquiétude de la journée que le comte avait passée tête à tête avec sa femme, et qu'elle n'eût apporté un grand dommage à ses intérêts, s'était mise dans son lit et ne parut point au souper. Mendorf affecta une gaieté singulière, fit mille plaisanteries au comte et à la comtesse sur leur doux tête-à-tête; Ulric s'y prêta de fort bonne grâce, et la comtesse, en possession de sa bague, parla fort agréablement de l'extrême patience, avec laquelle une femme vertueuse peut supporter les infidélités de son époux, bien sûre qu'il viendra un instant où elle le ramènera à elle, en dépit de celles qui ont osé troubler des nœuds légitimes.

Le comte regardait sa femme avec étonnement. Depuis plus de vingt ans qu'il avait affiché ses coupables amours, jamais la comtesse n'en avait tant dit. Il imagina que, fière d'avoir été préférée pendant toute cette journée, elle se persuadait qu'il avait oublié le rendez-vous de Damster, et il le lui aurait peut-être rappelé, s'il n'avait au fond de son cœur désiré de vivre désormais avec elle dans une parfaite intelligence; car il ne pouvait pas se dissimuler qu'elle était beaucoup plus aimable que Pétronille, dont les caprices qui n'étaient plus accompagnés des grâces de la jeunesse lui devenaient de jour en jour plus insupportables. Mendorf, dont l'esprit observateur ne laissait échapper aucune nuance, pressentit, par le silence que le comte gardait en cette occasion, la perte de Mme Damster; il savait très-bien qu'à l'âge du comte, quand on revient à sa femme, c'est pour toujours. Il se promit donc d'avertir Pétronille du danger qu'elle courait, et qui, selon lui, devenait d'autant plus grand, qu'il y avait tout à craindre que le prétendu fantôme n'allât faire aussi quelque révélation à la comtesse, touchant son fils, et qui amènerait entre elle et son époux une explication extrêmement dangereuse pour madame Damster; mais, il a beau s'agiter, chercher les moyens de prévenir les évènemens qu'il redoute, le coup est porté, et rien ne les sauvera de la juste punition qu'ils méritent.

Le souper fini, Ulric eut un instant le désir de passer dans l'appartement de sa femme les heures qu'il donnaït ordinairement à Pétronille; mais la fausse honte, qui retient trop souvent dans le sentier du vice, l'en empêcha; il ne voulut pas s'exposer aux reproches de sa maîtresse, et il rentra dans son appartement, où la pensée de

Buosen, dont il faisait le malheur, éloigna le sommeil de sa paupière; et ce ne fut que vers l'aurore qu'il commença à goûter quelque repos. Les deux amies et Francisque ne dormirent pas davantage, Pétronille encore moins, de sorte qu'il semblait que tout ce qui habitait le château voulait se soustraire à l'empire de Morphée; car Mendorf avait veillé jusqu'à minuit, pour avertir Mme Damster de se précautionner contre le retour de la tendresse du comte pour sa femme.

Il faut cependant que nous sachions tout ce qu'éprouvèrent de joie M. et Mme d'Hercourt en apprenant que leur fille existait, et surtout que l'on pouvait espérer de la rendre heureuse, si on parvenait à faire rentrer Buosen dans ses droits, et à lui faire rependre son nom.

Il fut convenu que l'on faciliterait à Damster tous les moyens pour rendre son apparition plus solennelle, et surtout plus effrayante; ce qui devenait d'autant plus facile, qu'excepté le comte, tout le monde était dans le secret. Nous verrons bientôt ce qui se passa en cette seconde entrevue : retournons à la cabane de Pierre Frakmann, où les deux amies et le baron d'Hercourt se rendirent dès qu'il fit jour.

Damster attendait cet instant avec une vive impatience; il était si heureux d'avoir revu la comtesse, d'en avoir reçu des témoignages de bonté, que rien ne pouvait être comparable au sentiment délicieux dont son âme était enivrée. Depuis plus de vingt ans qu'il vivait dans la plus profonde solitude, ses sentimens s'étaient épurés. Il adorait la comtesse, mais comme nous adorons une intelligence céleste; elle était encore assez belle, comme nous l'avons dit tout-à-l'heure, pour rappeler au comte qu'il serait doux d'user de ses droits, que n'aurait pas dû éprouver l'amant à qui on n'en avait pas accordé le plus léger; et il ne la vit, je le répète, que comme un esprit céleste, auquel il jura de nouveau au fond de son âme une fidélité inviolable, sans nul espoir de retour; et lorsqu'il pensa en se réveillant que les belles cousines allaient venir dans sa cabane, il éprouva une joie si vive, qu'il ne put résister à en parler à Norbert en termes si tendres, que son compagnon lui dit : Vous aimez donc bien cette dame ? — Si je l'aime? et n'est-ce point pour elle que j'ai renoncé aux humains ; que, ne pouvant lui appartenir par des liens légitimes, j'ai rompu ceux qui auraient pu me détourner de sa pensée ?

Norbert ne manquait point d'esprit, mais surtout de bon sens, et il était étonné de tout ce que Damster débitait avec tant de feu ; il lui semblait que, s'il était jamais l'époux d'un objet qui lui serait cher, il ne se trouverait pas le plus heureux des hommes d'être vingt ans sans voir son amie. Mais il se garda bien e dire à son maître qu'il était un fou ; car toutes vérités ne sont pas bonnes à dire ; mot rebattu mais plein de sens. Enfin, Damster, ne résistant plus au désir de revoir Isidore, se disposait à aller à sa rencontre quand il aperçut les trois pélerins.

Dès qu'ils furent arrivés, ils comblèrent d'amitiés le solitaire, et il eut à peine le temps de répondre à la foule de questions que la mère d'Iseult lui fit sur la santé de sa fille, sur les raisons qui l'avaient fait quitter ceux dont elle était si tendrement chérie, de quelle manière il l'avait rencontrée, etc. Damster mit le plus d'ordre qu'il put dans ses réponses ; car Alexandrine l'interrompait toujours ; enfin, ayant satisfait autant que possible à l'inquiète curiosité maternelle, on parla de ce qui restait à faire, et il fut convenu qu'il fallait presser les coupables jusques dans leurs derniers retranchemens, et que la terreur ferait au moins sur leurs consciences, ce que la vertu n'aurait pu leur inspirer.

Ce qui embarrassait le plus madame de Zizermann, qui était la bonté même, était de savoir ce que l'on ferait de Pétronille. Elle ne supportait pas l'idée de la livrer à la rigueur des lois, malgré tout le mal qu'elle lui avait fait. Damster y mettait peu d'intérêt, bien décidé à ne jamais reparaître dans le monde; ainsi il ne craignait point que la honte attachée au supplice de sa femme rejaillît sur lui. Mais que deviendra le faux Rémond? Il sera baron de

Buosen ; s'il s'exécute de bonne grâce, et s'il ne sent pas le prix de ce bienfait, il ne sera rien. — Que le pauvre Damster, reprit l'époux de Pétronille, car je ne puis lui ôter son état ; et c'est encore une des raisons qui me décide à continuer à passer pour mort, tant il me serait impossible d'appeler cet insensé mon fils.

Mme d'Hercourt soutint qu'elle ne souffrirait pas que Damster rentrât dans son désert. Ce n'est point l'instant de nous occuper de cet objet, dit Mme de Zizermann. Laissons-le nous rendre nos enfans : car il n'avait point encore nommé le couvent où Iseult s'était retirée, et il avait prié en grâce ces dames d'attendre les huit jours qu'il avait donnés à

Pétronille avant de revoir Iseult, afin qu'elle sache en même temps que celui qu'elle aime est digne d'elle, et que ce soit sa mère qui le lui apprenne, pour que rien ne manque à sa félicité.

Damster avait fait préparer un excellent dîner pour ses hôtes, qui y firent honneur. Peu après, les dames retournèrent au château pour se trouver au moment où Ulric serait de retour; car il était allé passer la journée chez un de ses voisins, pour être le moins de temps possible avec Pétronille, qui ne lui paraissait plus qu'une femme fausse et intrigante, depuis qu'elle avait entièrement perdu le prestige de la beauté.

Damster écrivit au baron de

Buosen que tout présageait une heureuse issue, et qu'il ne tarderait sûrement pas à l'aller joindre. Il envoya sa lettre par Pierre Frakmann. Celui-ci prétexta à son fermier qu'il avait un voyage à faire dans sa famille. Damster alla voir Iseult, qui apprit avec une extrême joie que son père et sa mère lui avaient pardonné, et elle hâtait, par ses vœux, le moment où elle serait dans leurs bras. Ce moment tant désiré approchait, et celui de la punition des coupables était arrivé. Pétronille avait compté les jours; le huitième était commencé; Mendorf ne la quittait pas, et cherchait tous les moyens de la rassurer, en lui persuadant de plus en plus, suivant sa détestable opinion, que tout étant en nous anéanti par la mort, il était impossible que ce qui n'existait point eût pu se présenter à elle, et encore moins lui parler.

Elle persistait à dire : J'ai grand intérêt à partager votre sentiment. Je désire, plus que vous, que la mort soit le terme de tout notre être, mais j'ai vu Damster. Il m'a parlé, il n'y a sur cela aucun doute, et Mendorf haussait les épaules en signe de pitié, de ce qu'il appelait une crédulité impardonnable dans une femme d'esprit.

Tous les jours, vers le soir, madame Damster et Mendorf allaient passer quelques heures dans une grotte à l'entrée du parc. Là, ils se confiaient, sans crainte d'être entendus, ce qu'ils avaient projeté pour le malheur de ceux qui les entouraient, ou se faisaient part de ce qu'ils avaient à craindre. Ils y allèrent, suivant leur usage, le huitième jour. Madame Damster, persuadée que son époux ne lui apparaîtra qu'au milieu de la nuit, était sans crainte à ce moment. Elle entre dans cette grotte, et, à l'instant où elle allait s'asseoir sur un banc qui était placé sur la droite, et qu'elle invitait Mendorf à y prendre place à côté d'elle, ils entendirent une explosion plus forte qu'un coup de canon, et sentirent la terre trembler sous leurs pas. Ils vont pour sortir de la grotte; mais, ô désespoir! la secousse a fait tomber des terres, des morceaux de rochers, du sable en assez grande quantité, de manière qu'il est impossible de sortir de la grotte qui, tout-à-coup, s'ouvre au fond et laisse voir un long souterrain éclairé par des torches que portaient un grand nombre de figures, semblables à celles que l'on emploie pour peindre les esprits infernaux. Quatre, portant des torches, s'avancent dans la grotte et mettent leurs flambeaux allumés sous la figure de Pétronille et de son complice, et les forcent à rester debout et immobiles. Ils se regardent douloureusement l'un et l'autre, et n'osant prononcer un seul mot, car le vieillard avait perdu son audace philosophique et eût bien voulu n'avoir pas empêché son amie de se rendre le Ciel favorable par un aveu sincère de son crime, mais il n'était plus temps. Les bruits souterrains continuaient à se faire entendre. Tantôt les flambeaux s'éteignaient, et l'horreur des ténèbres les environnaient, tantôt ils se rallumaient et jetaient une lumière si vive qu'il était impossible de la soutenir. Le souterrain en était tellement éclairé qu'on distinguait tous les objets lugubres qu'il renfermait, des haches, des roues, des gibets, un bûcher préparé pour y mettre le feu et consumer les victimes de la vengeance. O Ciel, s'écriait Mme Damster, je me meurs. Ah ! Mendorf, Mendorf, où nous a conduit l'oubli des vérités terribles que nous n'apprenons que pour en être frappés. Mendorf, la tête penchée sur la poitrine, ne répondait point; il paraissait accablé du poids des vengeances célestes qu'il croyait reconnaître dans des évènemens si extraordinaires. Cependant il soutint assez courageusement cette épreuve, tant qu'il ne voyait point Damster ; mais, après plusieurs coups de tonnerre, la voûte du souterrain s'ouvrit, et Damster, vêtu d'une robe d'un tissu aussi léger que brillant, ayant sur la tête une couronne d'or enrichie de pierreries, parut posé sur un nuage.

Pétronille, que la figure atroce des démons épouvantait, espéra trouver plus de pitié dans celui dont elle portait le nom, elle voulut se jeter à ses pieds. Mais les satellites du prince des ténèbres l'en empêchèrent en approchant d'elle et de

Mendorf leurs torches ardentes. — Vous avez résisté, dit Damster à Pétronille, aux volontés du Ciel, qu'il avait daigné vous témoigner par ma voix. Je vous avais laissé huit jours pour réparer vos crimes, mais vous n'avez rien fait pour fléchir la justice divine, et vous en voilà accablée. — Ah ! prenez pitié de moi, lui cria d'une voix suppliante, sa coupable compagne: encore une heure, et les moyens de sortir d'ici, et j'avouerai tout. — *Une heure !* pensez que c'est beaucoup; cependant je puis encore obtenir pour vous cette grâce, mais songez que c'est la dernière. Quant à vous, Mendorf, il n'y a plus de miséricorde pour vous, mille fois plus coupable que cette malheureuse, parce que vous n'aviez pas même l'intétêt pour excuse, s'il pouvait en servir. Ministres de la mort, exercez vos vengeances. A cet instant, quatre des génies infernaux s'emparèrent de ce criminel vieillard et l'emportèrent au fond de l'abîme. Damster remonta sur le nuage qui l'avait conduit dans la grotte, qui se trouva fermée (1), de sorte que Pétronille eût étouffé dans ce souterrain si ce qui se passait extérieurement ne lui eût pas rendu l'air dont elle avant tant de besoin;

(1) Je n'entre dans aucuns détails sur les moyens employés pour cette apparition, ceux qui ont quelque idée des machines de l'Opéra sauront bien de quelle manière il est possible de faire de pareils prodiges.

les pierres, la terre, les sables qui avaient fermé l'entrée de la grotte y avaient été jetés en beaucoup moins grande quantité que l'infortunée qui était enfermée ne l'imaginait, de sorte qu'il n'était pas difficile de les enlever.

Ce fut monsieur de Zizermann qui en donna l'ordre : car il croyait que c'était un effet naturel qui avait causé un éboulement; et, sachant que Mendorf et Pétronille y sont enfermés, il se hâta de leur donner la liberté.

Tout ce qui se passait dans le souterrain n'avait plus aucun rapport avec la grotte. Ce souterrain existait de tout temps, et communiquait à la forêt. Nous ne nous occuperons dans ce moment ni de Mendorf, ni des démons à gages, ni même de Damster, et nous resterons à l'entrée de la grotte où je vois accourir Mme de Zizermann, son amie, le baron d'Hercourt, le faux comte Rémond, et tous les gens de la maison, car aucuns n'avaient été employés à l'apparition.

La célérité que l'on mit à enlever les terres permit enfin à Pétronille de respirer. On la trouva couchée par terre, à demi-morte de frayeur et de honte, car elle n'hésitait plus à faire un aveu solennel de ses crimes. Dès qu'elle aperçut la comtesse, elle se traîna à ses pieds et lui adressa ces mots : Vous voyez en moi, Madame, un exemple terrible du suprême courroux ; j'ai voulu en vain y résister ; mais je n'ai plus qu'une heure pour ne pas tomber dans les mains des génies infernaux, comme l'infortuné Mendorf qu'ils ont emporté à mes yeux dans le gouffre du tartare. Le comte ne concevait rien à ce qu'il entendait ; il cherchait Mendorf et ne le trouvait pas.

Pétronille continua : C'est à vous, Madame, qu'il m'est ordonné de faire la révélation du crime que j'ai commis dans la personne de votre fils. Ce jeune homme que vous voyez, dit-elle, en montrant celui que l'on nommait Rémond, est mon fils ; j'ai enlevé le vôtre de son berceau et y ai placé le mien. — Ne la croyez pas, dit son fils, c'est une imposture, elle est dans le délire. — Non, rien n'est plus vrai. La crainte que ce crime ne fût reconnu m'en a fait commettre deux autres. J'ai fait enlever la nourrice et l'ai fait conduire en Turquie, où elle a été vendue comme esclave, et celui qui a servi mes projets a reçu de moi la mort pour récompense. Telle est l'histoire déplorable de ma conduite. Haïssez-moi, mais plaignez-moi: ce que je souffre est au-dessus de ce que je puis dire; et en effet elle paraissait accablée par la douleur. On voulut lui offrir quelqu'adoucissement, elle les refusa en disant; Que m'importe la vie.

Tous les yeux étaient tournés vers le fils de Pétronille, qui continuait à dire, avec des juremens effroyables: cela n'est pas vrai, ne la croyez-pas, je ne suis point son fils, je suis celui d'Isidore; elle m'a nourri de son lait, c'est ma mère. Non, cria une voix que l'on ne connaissait pas. C'était Marceline, que le vrai Rémond amenait à l'instant, et qui se jeta aux pieds du comte Ulric.

Celui-ci ne savait que trop combien la déclaration de Mme Damster était véritable, il n'avait rien à y opposer; mais il n'en était pas moins persuadé que celui qu'on lui donnait pour fils était celui de Damster. Il éprouvait cependant une secrète joie en ôtant son nom au fils de Pétronille, qui le déshonorait par sa conduite. Madame de Zizermann, qui lisait au fond du cœur de son époux, crut l'instant favorable pour lui remettre la bague qui renfermait le mystère de la naissance de son fils.

Il se fit une révolution si grande dans le comte, qu'il pensa perdre toute connaissance. O Dieu, s'écria-t-il ; quoi ! Isidore, vous étiez cette gentille paysanne qui reçut des hommages que l'amour enlevait à l'hymen, et dont celui-ci profita ? Ah ! cruelle, pourquoi ne me l'avoir pas dit plutôt ? Viens, cher Rémond, dit-il à celui qui n'était plus pour lui le fils de Damster, viens, reçois les embrassemens d'un père. Et le serrant contre son cœur : Ah ! c'est trop de bonheur à-la-fois. Rémond ne sortit des bras de son père que pour se jeter dans ceux du baron. Me voilà, dit-il, avant les quatre-vingt-dix jours ; mais j'ose espérer que vous me rendrez votre amitié et m'accorderez la main d'Iseult.

— Je n'ai d'autre réponse à vous faire, mon cher Rémond, qu'en vous appelant mon fils. La baronne lui témoigna aussi la joie qu'elle avait de le revoir et qu'il devînt son gendre.

Cette scène attendrissante était le dernier coup que devait recevoir Pétronille, dont à peine on s'occupait. Elle tomba au même instant du banc de gazon où on l'avait placée, et elle s'écria : Oui, c'en est trop, la comtesse fut toujours vertueuse, et son fils est reconnu. O mort, délivre-moi du malheur de les voir. On la releva, on la porta au château, mais elle était si mal que l'on craignît de ne pouvoir l'y amener vivante.

M. de Zizermann, tout au bonheur d'avoir retrouvé son fils, et sa femme aussi vertueuse qu'elle était belle, ne s'occupait pas d'autre chose. On vint cependant l'avertir que Pétronille demandait à le voir ; il y alla et il la trouva d'un tel changement, qu'il était presqu'impossible de la reconaître. On m'a perdue, lui dit-elle, en l'apercevant, ainsi que mon fils ; je ne puis survivre à ce malheur ; un poison que je portais toujours sur moi circule dans mes veines ; je n'ai voulu vous voir que pour vous recommander mon fils et le vôtre. Le comte apprit alors par quel moyen on était parvenu à faire déclarer à cette femme la vérité, par un aveu qui n'eût jamais dû sortir de sa bouche ; rassemblant ses forces, elle lui dit :

Je n'ai pas voulu descendre dans la tombe sans vous revoir, sans vous apprendre dans quel piège on m'a entraînée : c'est par Mendorf que j'en ai été instruite. J'étais étendue sur ce lit, lorsque je vois entrer dans ma chambre l'infortuné Mendorf, que deux hommes soutenaient ; il s'est fait asseoir auprès de mon lit. Vous êtes ainsi que moi, dit-il, victime de nos ennemis qui se sont joués de nous. Ceux qui m'ont rapporté ici, ont ôté leur costume de diable avant de sortir du souterrain. Quoi ! leur ai-je dit, vous n'êtes donc que des hommes ? — Que des hommes, reprit l'un d'eux avec humeur ; il semble, à entendre ce vieillard, que d'être diable valût mieux que d'être de son espèce ! —

Je ne dis pas cela. — Et que dites-vous donc? — Je leur expliquai alors ma pensée, et ils me racontèrent qu'il y avait huit jours que l'on préparait cette horrible et fausse apparition, faite pour épouvanter ceux même qu'on ne pouvait accuser d'être des esprits faibles; il n'avait pas achevé de me rendre ce que ces gens lui avaient raconté, qu'il fut frappé d'une attaque d'apopléxie, dont il est mort là, près de moi, comme pour me dire, que je n'avais plus qu'à le suivre; et en effet, me représentant à quels hommes j'allais avoir affaire, je me suis enfin délivrée du fardeau de la vie. Je me meurs; d'instant en instant mes douleurs deviennent plus vives. Adieu, monsieur le comte; puisse-t-il être vrai, comme je me suis efforcée à le croire, que je retombe dans le néant !

Le comte envoya chercher les gens de l'art, pour qu'ils employassent tous les moyens de rendre la vie à Pétronille, qu'il abandonna à leurs soins et à ceux de ses femmes ; ils furent inutiles, et cette méchante créature, ayant souffert pendant deux heures des douleurs affreuses, préludes des tourmens que ses crimes devaient lui mériter, expira. Personne ne plaignit son sort, et elle ne fut pas même regrettée de son fils, à qui on offrit de prendre le titre de baron de Buosen, et de se retirer dans le château de ce nom qui avait appartenu à sa mère, et que le comte ui donnait; il accepta et quitta aussitôt Mittersbach, n'assistant pas même aux funérailles de Pétronille et de Mendorf, qui se firent sans aucun appareil.

M. de Zizermann, ne voulant point y paraître, engagea tous ses amis à partir pour Vienne, où il était essentiel qu'ils vissent l'empereur, pour obtenir de lui la ratification des actes qui assuraient l'état du jeune comte; mais un intérêt plus cher occupait celui-ci, ainsi que M. et Mme d'Hercourt; ils voulaient revoir Iseult; ils voulaient serrer des liens si chers à leurs cœurs. La comtesse n'en avait pas moins de désir; il fut donc décidé que l'on s'arrêterait au couvent des filles de Sainte-Thérèse, qu'enfin

Damster avait nommé. Mais au milieu de l'allégresse dont le cœur d'Ulric était enivré, il lui restait une inquiétude vague ; il ne pouvait comprendre qui avait été l'agent des choses surnaturelles qui s'étaient passées au château de Mittersbach ; il avait entendu parler d'apparition ; le nom de Damster avait frappé son oreille ; il ne croyait pas que les morts quittassent le séjour de l'éternité, pour conférer avec les pauvres humains ; mais il voulait savoir qui avait donné lieu à cette fable ; il en parla à la comtesse qui lui dit qu'Iseult l'en instruirait.

Damster était parti d'avance pour aller trouver mademoiselle d'Hercourt, lui apprendre tous le succès de son entreprise, en lui rendant compte de tout ce qui s'était passé; elle fut enchantée de le revoir, et de savoir qu'enfin elle allait se retrouver avec tout ce qui lui était cher. Cependant elle ne pouvait concevoir comment Damster avait fait de tels prodiges. Il est vrai, reprit-il, que j'ai été secondé au-delà de mes espérances; c'est la comtesse qui m'a indiqué cette grotte, où Mendorf et Pétronille allaient chaque jour; le baron d'Hercourt avait l'idée qu'elle n'était que l'ouverture d'un grand souterrain dont tous les anciens du pays parlaient comme aboutissant dans la forêt. Il faut le chercher, dirent les dames; je pense que cela serait très-utile à nos vues; mais il faut pour cela des ouvriers, afin de rendre ce souterrain praticable; s'il est vrai qu'il existe, et si nous les prenons ici, notre secret sera connu et l'effet manquera. Qu'à cela ne tienne, répondit d'Hercourt, vous aurez demain, à cette heure, cinquante hommes qui, je vous assure, travailleront avec zèle à tout ce que vous leur demanderez. — Et quels seront ces hommes? — Des soldats de mon ancien régiment qu'il me sera bien facile de faire venir, étant en garnison fort près d'ici. Je connais, ajouta-t-il, un très-habile machiniste que je vais faire avertir, et qui sera à mes ordres.

En effet, le lendemain j'eus mes travailleurs, qui dressèrent leurs tentes dans la forêt, de sorte qu'au château personne ne sut qu'ils étaient dans la vallée. Nous découvrîmes bientôt le souterrain. Alors il nous fut bien facile de faire tout ce que nous avons exécuté, secondés par le génie du nommé Haller, ce machiniste dont je vous ai parlé. Des bras, des munitions, de l'argent, avec ces trois choses-là que ne ferait-on pas? Je suis fâchée, dit Iseult, que ces jeux aient coûté la vie à Mendorf. — C'est une punition de tout le mal dont il vous a accablées, vous, Mademoiselle, et la comtesse. Au surplus, sa mort et celle de Pétronille sont un bienfait de la Providence, et il n'y a que vous, Mademoiselle, et Isidore, qui puissiez en ressentir quelques douleurs ; car ils étaient haïs généralement; votre sensibilité sur leur sort prouve votre excessive bonté à l'un et à l'autre. Ne plaignez-vous pas aussi le fils de Pétronille de n'être plus monseigneur le comte de Zizermann? — Non, cela ne lui fait aucun mal. — Oh! c'est ce que je ne crois pas; il aime l'argent jusqu'à l'avarice, et il aura au plus mille ducats de revenu. Il est orgueilleux comme tous les génies étroits; et comment exercera-t-il cette passion? Qu'est-ce que sera jamais le fils de Pétronille avec le modeste nom de Damster? Il vous aimait autant qu'un être de cette espèce peut aimer. Il ne lui reste plus aucune espérance de vous fléchir, et vous ne le trouvez pas malheureux! — J'espère qu'avec le temps il s'accoutumera à sa nouvelle existence qui, dans le vrai, n'a rien de très-pénible. — Je suis de votre avis, mais ce ne sera pas le sien; et vous le verrez chercher dans des moyens dignes de la bassesse de ses inclinations, à se délivrer de ses douloureux souvenirs; et ces moyens termineront une vie qu'il eût été bien plus heureux de n'avoir jamais reçue. Ils en étaient là, lorsqu'ils entendirent le bruit des chevaux et des roues des voitures qui arrivaient à cet instant dans la cour du couvent. Damster, qui ne voulait point paraître aux yeux du comte qu'il n'eût été prévenu, se retira dans une pièce près du parloir, et dont il ôta la clef. Ah! jamais les grilles n'ont paru un obstacle plus fâcheux qu'au moment où la mère et la fille se virent.

Elles voulaient se précipiter dans les bras l'une de l'autre, et les malheureuses grilles s'y opposaient, quand Iseult, se rappelant tout-à-coup ses torts envers ses parens, fléchit les genoux pour obtenir un pardon que leurs cœurs avaient prononcé dès les premiers momens. Relève-toi, ma chère fille, dit M. d'Hercourt, c'est moi seul que je puis accuser des maux que nous avons soufferts ; et, sans ta courageuse résistance, nous en eussions ressenti de bien plus cruels, puisque tu serais maintenant unie à l'indigne fils de la plus méchante des femmes. En disant ces mots, il passait ses mains au travers de la grille ; Iseult les couvrait de baisers ainsi que celles de sa mère et de la comtesse,

Ses premiers hommages rendus aux auteurs de ses jours et à celle qu'elle regardait comme une seconde mère, ses yeux se portèrent timidement sur ceux qui les accompagnaient : elle vit le comte et son fils. Ce dernier, brûlant du désir d'obtenir un regard, s'était approché de la grille. Il l'obtint ce regard enchanteur qui le paya de tout ce qu'il avait éprouvé d'infortunes depuis l'instant où il avait été séparé de sa bien-aimée. Iseult rougit, et sa mère, qui s'aperçut de son embarras, la rassura en lui disant : « C'est ton époux, c'est celui qui « fera ton bonheur et ta gloire. » Rémond, car enfin il porte son nom, ne pouvant recevoir ni donner un baiser à sa maîtresse, se jette dans les bras d'Alexandrine, et lui exprime, avec les plus vifs transports, l'excès de bonheur qui enivre son âme. Le comte, plus capable de se contenir, assura Mlle d'Hercourt de toute la félicité qu'il goûte à l'appeler sa fille. Ce premier tumulte que causent toujours des sensations trop vives était calmé. M. de Zizermann prit enfin laparole, et, s'adressant à Iseult, lui demanda si elle ne serait pas charmée de savoir le détail de tout ce qui avait amené une si précieuse réunion. Je n'ignore, dit mademoiselle d'Hercourt, aucune circonstance de cet heureux évènement. — Et qui vous l'a appris? — Celui qui en a été l'agent le plus actif. — Et que vous nommez? — Damster. — Damster! quoi! tout le monde parle de Damster mort depuis vingt-trois ans, tout le monde dit : je l'ai vu, il m'a parlé; il faut donc revenir à croire les contes de vieilles. — Je l'ai vu, dit Iseult, comme je vous vois. C'est lui qui m'a recueillie dans cette forêt, qui m'a amenée au couvent, et qui, enfin, vient de m'apprendre par quel prodige il avait arraché l'aveu des crimes de nos ennemis, que le Ciel a livré à toute sa justice. — Vous me surprenez infiniment; vous tenez tous le même langage; au nom du Ciel expliquez-moi cette énigme. — Cela est bien facile si vous me promettez de ne conserver aucun ressentiment contre un infortuné qui souffre cruellement depuis qu'il a perdu vos bonnes grâces.

— Eh ! comment conserverais-je du soupçon ; cette bague, en montrant celle que lui avait remise Isidore, n'a-t-elle pas détruit tout ceux qu'un génie infernal m'avait fait concevoir ? — Eh bien ! venez donc, cher Damster ? et aussitôt la porte s'ouvrit ; et le comte, muet d'étonnement, ne savait ce qu'il voyait, et croyait que ses yeux le trompaient. — Quoi ! Damster, c'est vous ? Ah ! Ciel, par quel prodige ? — Il serait trop long de vous en instruire ; mais voici les principales circonstances qui m'ont procuré les moyens de vous rendre deux enfans que l'amour, en dépit des conventions humaines avait réunis, et il en traça succinctement le récit.

Lorsque Damster eut cessé de

parler, le comte, pénétré de reconnaissance, se lève, le serre dans ses bras, et lui dit : Qui acquittera jamais....... — Le bonheur de ce couple, qui fera le mien. Du reste, monseigneur, je sais que je ne puis trouver une place dans votre maison; il est des fautes que le temps n'efface jamais entièrement. D'ailleurs, tout vieux que je suis, qui vous répondrait de mon repentir, en voyant sans cesse l'objet adorable qui, sans partager ma criminelle erreur, en fut la cause innocente? Non, je ne demande d'autre grâce que de me retirer dans la solitude où j'ai passé tant d'années. — Voilà, mon cher Damśter, ce à quoi nous ne consentirons point; mais il n'est pas temps de nous en occuper.

Comme le comte parlait encore, la supérieure, qui avait entendu dire que toute la maison du comte de Zizermann était au parloir avec Agathe, vint l'y trouver. — Eh! mon enfant, lui dit-elle en entrant, vous voilà avec une bien illustre société. Ce sont mes parens, répondit Iseult, avec un doux sourire. — Vos parens, mademoiselle, que ne m'avez vous dit....... — Vous ne m'auriez pas mieux traitée. Il est impossible d'avoir reçu plus de témoignages de bonté, Madame, que vous m'en avez marqué. Et nous vous prions, ma sainte mère, interrompit le baron d'Hercourt, de ne pas douter de la vive reconnaissance que madame d'Hercourt et moi avons des soins que vous avez eus pour notre fille chérie; qui va être la nôtre, ajouta le comte : car Iseult d'Hercourt épouse mon fils.

La bonne religieuse passait de surprise en surprise, et rendait grâces à Dieu d'avoir pu être de quelque utilité à de si grands personnages, qui deviendraient les protecteurs de sa pauvre communauté; et elle s'occupa aussi d'ajouter au bonheur de celle qu'elle appelait encore Agathe (tant l'habitude a de forces), en faisant ouvrir les portes à mesdames d'Hercourt et de Zizermann. Avec quel empressement elles coururent au tour, où déjà Iseult, légère comme une biche, les avait devancées! Quelle douce jouissance de se retrouver pressée contre le sein de ses deux seules amies ! Cependant elles les ramenèrent au parloir, ne voulant pas priver son père, le comte, et son amant, du bonheur de la voir.

Le comte, pressé par son fils, demanda quand ce couple, digne de toutes les faveurs du Ciel, prononcerait en sa présence le serment de s'aimer toujours. Iseult, à ce seul mot, se cacha le visage dans le sein de sa mère, et celle-ci dit qu'elle s'en rapportait au baron pour fixer ce moment. Ce serait dès demain, dit Francisque, si nous ne suivions que le désir de nos cœurs; mais il faut absolument que nous allions à Vienne, dit le comte, avant le mariage : mon fils est bien réellement reconnu; mais il faut un décret impérial qui constate la vérité des faits qui lui ont rendu son nom et son état. Jusques-là Iseult restera ici avec nous, dirent les dames, nous ne nous séparerons pas d'elle.

Damster, qui ne voulait point réveiller des soupçons toujours à craindre, dit que, pour lui, il ne quitterait point le cher Rémond jusqu'à ce qu'il fût uni à l'objet de ses adorations ; et il fut convenu que M. de Zizermann, le baron, la nourrice, comme témoin nécessaire, iraient à Vienne. En parlant de Marceline, je me rappelle que je n'ai point dit ce qui avait rapport à son retour dans la vallée. Elle se flattait de retrouver son mari, ses enfans ; le Ciel ne voulut pas lui accorder cette consolation, ils étaient morts. On s'était emparé de son héritage ; ainsi, elle n'avait plus rien à attendre que de Rémond et de ses parens, et jamais ils ne lui laissèrent rien à désirer.

Damster envoya Norbert à la métairie, pour apprendre à Tobie et à sa femme ces bonnes nouvelles, et pour les charger de différens préparatifs pour une fête qu'il voulait donner à la cabane de l'étang, au couple heureux qui lui était aussi cher qu'à ses parens.

Il fut convenu que l'on passerait, en allant à Vienne, au château de Blankenstein, où l'on savait déjà l'heureuse issue de ces évènemens ; car Rémond avait fait partir un courier pour Ernest, aussitôt qu'il avait été reconnu ; ils furent reçus par Amélie avec toutes les grâces qui la caractérisaient ; elle fut affligée de ne voir ni Iseult, ni ses deux mères. Le comte de Blankenstein lui offrit de les aller joindre au couvent, tandis que lui accompagnerait son ami à Vienne, où il pourrait peut-être leur être de quelqu'utilité, par le crédit qu'il avait auprès de l'empereur. On juge bien que cette proposition fut bientôt acceptée, et la belle Amélie prit la route du couvent des filles Sainte-Thérèse, pendant que son mari partit avec ses amis pour la cour. Le but de ce voyage était bien différent.

Cependant le luxe et la magnificence de la femme du premier chambellan, jointe à l'élégante simplicité des dames qui étaient déjà avec Iseult, changea pour un instant cette maison de jeûne, de prière et de silence, en un séjour de félicité mondaine. Nos saintes sœurs pouvaient-elles s'y refuser, et devaient-elles repousser des bienfaitrices que la Providence leur envoyait, pour soutenir leur pieuse retraite qui était au moment de tomber en ruine? La prieure se contenta donc de recommander à ses filles de redoubler leurs prières et de demander à Dieu le bonheur de ces illustres maisons, qui se mettaient en quelque sorte sous la protection de leur sainte fondatrice. Du reste, elles partagèrent, autant que la rigueur de leur règle leur permettait, les jouissances que ces dames se faisaient un plaisir de leur procurer.

La jeune et belle comtesse de Blankenstein se lia d'une étroite amitié avec Iseult, et ce sentiment fut aussi constant que l'était et fut toujours celui d'Alexandrine et d'Isidore. Ces quatre dames passèrent ainsi les deux mois que le comte et ses amis restèrent à Vienne. Enfin le jour de leur retour fut fixé, et l'impatient Rémond demanda à son père la permission de le devancer au couvent, où il arriva comme un simple courier. Mais l'œil d'une amante est difficile à tromper; Iseult n'a pas plutôt entendu le pas du cheval, qu'elle se mit à une fenêtre grillée qui donnait sur la cour extérieure, et elle a reconnu son bien-aimé; elle vole en avertir sa mère et ses amies qui descendent au parloir pour le recevoir. Les dames demandent toutes trois des nouvelles de leurs époux. Ils arriveront ce soir, reprit l'amoureux Rémond, et j'ai cru que vous me permettriez d'avancer de quelques heures ma félicité. Ses amies l'en assurèrent. Iseult ne manqua pas de s'informer comment le bon M. Damster avait soutenu le voyage. — Parfaitement ; et il m'aurait accompagné s'il n'avait pas cru devoir rester avec mon père.

On fit apporter à déjeuner à la grille, et, tout en satisfaisant un appétit dévorant, le comte Rémond instruisit ces dames de ce qui s'était passé à Vienne, et des grâces que sa majesté avait mises à lui rendre son nom et son rang, dont le plus grand mérite à ses yeux était, dit-il, de lui donner la possibilité de s'unir à la plus belle et la plus aimable des femmes. Ah ! pardon, Mesdames, reprit aussitôt le galant chevalier; est-ce en votre présence que je devais parler ainsi? mais mon père, celui d'Iseult et le tendre Ernest, ne vous en ont-ils pas dit autant? La femme que l'on aime est toujours la plus belle de toutes. Ces dames sourirent et ne purent s'empêcher de dire au jeune comte qu'il avait raison. Son père et ses amis arriverent le soir, et la joie qu'éprouvèrent leurs compagnes en les revoyant ne peut s'exprimer.

Rien ne devait plus retarder l'union d'Iseult et de Rémond; et, comme on craignait de nouveaux incidens qui viendraient encore troubler leur bonheur, il fut décidé que le mariage se ferait au couvent même sans aucune cérémonie et en présence des seuls parens et amis qui s'y trouvaient réunis; ils se rappelaient encore ce qu'étaient devenus les préparatifs de la noce projetée entre Iseult et le fils de Pétronille, et ils ne voulaient pas courir la même chance. M. de Zizermann surtout qui haïssait les longues cérémonies, s'était occupé, dès Vienne, des projets d'unir son fils à la fille de son ami, sans être tenu à aucun faste; il avait amené avec lui un aumônier de l'empereur pour faire le mariage qui devait être célébré à cinq heures du matin.

Iseult n'eut d'autre parure qu'une

robe blanche, un voile et une couronne de roses blanches. Mais qu'elle était belle de bonheur et d'amour !

En sortant de l'autel, on se réunit dans le parloir de la prieure, où on servit, pour les saintes filles, un déjeuner de crêmes sucrées, de fruits confis, de conserves, de bonbons de toute espèce, et des liqueurs délectables. Sous le couvert de la prieure était un christ de vermeil et de nacre de perles, dont la croix s'ouvrait, et contenait une donation de la valeur de 30,000 liv. de notre monnaie actuelle. L'abbesse dit agréablement : S'il me faut souvent porter de pareilles croix, le Ciel me sera facile à conquérir. On se recommanda à leurs prières et on monta à cheval; mais, au lieu de retourner à

Mittersbach, Damster demanda aux dames de faire encore une œuvre de miséricorde, en venant visiter la cabane du pauvre solitaire, et y célébrer la fête de l'hymen.

On avait pratiqué un chemin plus commode pour arriver au bord de l'étang; car, depuis deux mois que Damster était à Vienne, les cinquante soldats qui avaient servi à faire les travaux de l'apparition de la grotte, et qu'on avait magnifiquement récompensés, eurent encore de leur chef la permission de gagner une somme considérable en étant occupé, tout le temps de l'absence du comte, à disposer la cabane, pour y donner la plus brillante fête sous des tentes. Aussi ces dames furent très-étonnées de voir en arrivant un camp au milieu de la forêt : mais, lorsqu'elles eurent mis pied à terre, leur étonnement augmenta en entrant dans une des tentes où elles trouvèrent leurs femmes et tout ce qui est nécessaire pour une magnifique toilette.

Les diamans, les étoffes superbes qui avaient dû être pour Iseult le jour où elle échappa au malheur d'être épouse du fils de Pétronille, tout avait été apporté du château, et Iseult et ses amies furent parées de la manière la plus brillante. La toilette finie, on passa de cette tente dans une autre, qui était immense, où se trouvait servie une table de cinquante couverts. Là étaient placées autant de dames de la plus grande distinction, qui félicitèrent les jeunes époux sur leur mariage. Iseult, son mari, sa mère et les deux comtesses y prirent leurs places.

Pendant le festin on exécuta le concert le plus harmonieux. Il y eut ensuite un bal; et, comme la nuit était très-belle, on proposa de se promener dans la forêt, dont plus d'une lieue était illuminée. L'éclat des lumières se répétait dans l'étang, et formait un effet admirable. Arrivé à l'autre bord, on vit s'élever des fusées, des serpentaux, des fontaines de feu; elles semblaient sortir des rochers qui se trouvaient dans cet endroit, contre lesquels on avait placé une décoration qui s'enflamma tout-à-coup, et représenta, en feu de couleur, la façade du château de Mittersbach. On revint ensuite aux tentes, où le bal recommença, mais Alexandrine, vaincue par les prières de Rémond, fit signe à sa fille de la suivre. Elle la conduisit dans la cabane, où, après l'avoir aidée, ainsi que les comtesses, à quitter sa brillante parure, elles la laissèrent avec l'époux le plus vivement épris.

Qu'il fut doux pour Iseult de se réveiller le lendemain, dans cette même chambre où elle s'était réfugiée, lorqu'elle fuyait un hymen odieux! Qui lui aurait dit alors: Tu pleures, tu gémis, mais un jour tu jouiras sous ce toit hospitalier de la plus grande des félicités humaines, et tu trouveras dans l'accomplissement de tes devoirs les plus doux plaisirs, elle n'eût pu le croire. Cependant ce n'est point une illusion ; sa mère, ses amies, le baron, le comte vinrent partager le bonheur des époux, et celui d'Iseult s'en accrut.

CONCLUSION.

Le bonheur semble avoir choisi sa demeure, s'il peut en avoir une fixe sur la terre. Il paraît, dis-je, l'avoir choisie dans la solitude. Le grand monde l'effarouche. Aussi nos tendres amies demandèrent à Damster de passer un mois avec lui, ce qu'il accepta avec transport. On avait enlevé dans la nuit tout ce qui avait servi à la fête. Il ne restait que trois tentes où logèrent les amies d'Iseult; et, comme on était aux plus beaux jours de l'année, c'était un plaisir de passer la nuit sous la toile. Tout le temps fut consacré à l'amour et à l'amitié. Le comte avait seulement fait venir son équipage de chasse, et les seuls habitans des forêts eurent à se plaindre de ce séjour dans leur asile, où ils eurent peu de repos. Enfin il fallait partir pour Vienne, où la jeune comtesse devait être présentée à la famille impériale. Monsieur et madame de Blankenstein devaient les y recevoir. Damster se dispensa cette fois du voyage, et leur déclara de nouveau qu'il ne quitterait pas la cabane de l'étang, qui était devenue une maison plus grande et plus commode, par les agrandissemens qu'il avait été forcé d'y faire pour la fête. Ces dames ne consentirent à la volonté du libérateur de Rémond, qu'à condition que Tobie, sa femme, la nourrice resteraient auprès de M. Damster, et que les premiers et leurs plus jeunes enfans quitteraient la métairie pour se fixer à la cabane de l'étang, ce qu'ils acceptèrent avec la plus grande joie; Norbert resta à la ferme et se maria à la jeune personne qu'il aimait. Sa fortune étant assurée, le père de sa maîtresse ne trouva plus de difficulté à son union avec sa fille. Le bonheur de Norbert fut d'autant plus grand qu'il n'était point étranger à la cabane, puisque c'était lui qui continuait à y apporter les choses nécessaires à la vie, tandis que le reste de la famille se consacra à leur bienfaiteur. Pierre Frakmann réclama les droits qu'il avait auprès de Damster ; comme son obligé, et on lui fit construire une petite maison sur une pelouse, près de la forêt. Il y eut un troupeau de deux cents bêtes, qui prospérèrent infiniment, de sorte qu'il devint riche et épousa la plus jeune des filles de Reicht. Iseult et son époux venaient passer tous les ans un mois, à l'époque de leur mariage, à la cabane, et ils y amenaient leurs enfans, dont ils eurent un grand nombre. Damster vécut quatre-vingt dix ans, sans aucune infirmité. Les amies d'Iseult atteignirent, ainsi que leurs époux, une longue vieillesse. Iseult et Rémond virent leur quatrième génération, et ce ne fut que plus de deux cents ans après leur mort, dans la guerre de huit ans, que l'antique château de Mittersbach fut la proie des flammes. Mais les vestiges qui en restent rappellent encore les vertus de ses anciens maîtres. Buosen, comme l'avait prédit Damster, chercha à éloigner de lui des souvenirs accablans pour sa vanité en se livrant à l'excès de la table; et, deux ans après le mariage d'Iseult, un jour qu'il sortait d'une orgie avec ses dignes amis, il voulut monter à cheval, et au premier mouvement il fut jeté à terre, tué roide mort, et personne ne le pleura.

Fin du quatrième et dernier volume.

www.ingramcontent.com/pod-product-compliance
Lightning Source LLC
LaVergne TN
LVHW010603110826
845149LV00003B/747

* 9 7 8 2 0 1 1 8 7 7 5 8 1 *